SHIATSU

SHIATSU

VANESSA BINI

DIANA

LIBSA

© Coedición: Editorial Diana, S.A. de C.V.
México
ISBN: 978-968-13-4220-3

© 2007, Editorial LIBSA
C/ San Rafael, 4
28108 Alcobendas. Madrid
Tel. (34) 91 657 25 80
Fax (34) 91 657 25 83
e-mail: libsa@libsa.es
www.libsa.es

Traducción: Inés Martín
Edición: Equipo Editorial LIBSA

© MMI, Stock Libri S.r.l.
Título original: *Il libro dello Shiatsu*

ISBN: 978-84-662-0767-6
Depósito legal: CO-1589-06

Impreso en España/*Printed in Spain*

Contenido

Prólogo

Si alguna vez os habéis llevado instintivamente las manos a un punto doloroso del cuerpo buscando alivio, sin saberlo, estabais ya poniendo en práctica una rudimentaria «terapia Shiatsu».

Cuando el Shiatsu ha empezado a considerarse en el mundo occidental con interés, ya estaba muy generalizada la práctica de la acupuntura en esta parte del mundo en que vivimos. La acupuntura consiste en aplicar agujas en determinados puntos clave del cuerpo para lograr su bienestar.

En Oriente, llaman *tsubos* a estos puntos; el Shiatsu se basa en tomar en consideración estos mismos puntos, pero ejerciendo una presión sistemática sobre ellos, hecha con los dedos y con la palma de la mano.

Esta particular presión de las manos hace que discurran las fuentes de la vida, restableciendo el equilibrio y la salud.

Partiendo de la experiencia del recién nacido, que necesita fisiológicamente la proximidad física de su madre desde sus primeros meses de vida, se puede comprender la exacta importancia del tacto y, por consiguiente, del contacto. Ya está demostrado que las caricias y los

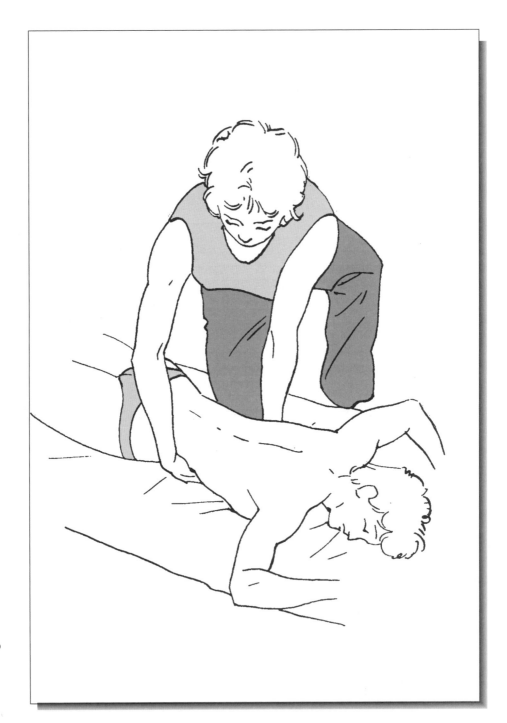

gestos afectuosos estimulan la producción de hormonas. Las investigaciones que se han llevado a cabo sobre el sistema nervioso y sus neurotransmisores han dado al mundo occidental la explicación de cómo actúan los mecanismos en este arte del Shiatsu.

Según la teoría japonesa, el Shiatsu es capaz de vigorizar las defensas de nuestro organismo y esto lo han confirmado las investigaciones que se han hecho recientemente sobre el sistema neuro-endocrino-inmunológico, que han conducido al descubrimiento de receptores de adrenalina y de noradrenalina (mediadores químicos del sistema neurovegetativo y que son hormonas que se forman en la médula suprarrenal y las células cromafines de los tejidos) sobre los linfocitos T y B, responsables de nuestras respuestas inmunitarias.

El Shiatsu no sólo sirve como cura en estados de enfermedad, pues no es simplemente un remedio, sino que estimula la capacidad de regeneración y de autorreparación con que cuentan todos los órganos humanos y puede ser beneficioso para cualquiera que quiera llevar una vida más sana y que desee mejorar su equilibrio mental.

Pero la mejor forma de presentar este arte curativo —que realmente puede mejorar nuestra calidad de vida—, es indagando un poco en sus orígenes, que hunden sus raíces en la antigua filosofía oriental así como en el concepto de la «unicidad».

VANESSA BINI

Primera parte
La historia

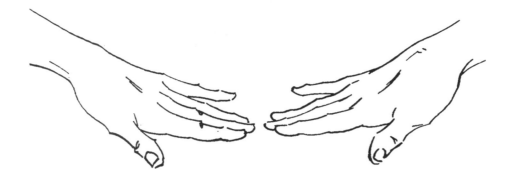

La historia

■ INTRODUCCIÓN

Shiatsu, su traducción literal «presión con los dedos» (los términos *shi* y *atsu* se utilizan para designar dedo y presión en japonés), es una terapia manual originaria de China, pasando posteriormente a Japón, donde se formó como cuerpo de doctrina, cuya línea se ha extendido mundialmente.

Tokujiro Namikoshi fue quien elaboró un método de enseñanza y aplicación del Shiatsu que lo llevó a su reconocimiento oficial por los ministerios de Sanidad y Educación de Japón.

El Ministerio de Sanidad de Japón define el Shiatsu como:

«Tratamiento que, aplicando unas presiones con los dedos pulgares y las palmas de las manos sobre determinados puntos, corrige irregularidades, mantiene y mejora la salud, contribuye a aliviar ciertas enfermedades (molestias, dolores, estrés, trastornos

nerviosos, etc.), activando asimismo la capacidad de autocuración del cuerpo humano. No tiene efectos secundarios».

El Shiatsu se inspira en la sabiduría tradicional:

«Vivir en armonía con la Naturaleza».

Su conocimiento lo recibe de la Medicina tradicional china (puntos de energía usados en la Acupuntura), de la rica tradición japonesa en la teoría y la práctica del masaje, y de la Quiropraxia americana.

En la actualidad, en Europa y Estados Unidos está no sólo aceptado y reconocido, sino también ampliamente difundido. Existen escuelas especializadas y centros de Shiatsu en París, Londres, Roma, Madrid, Barcelona, Nueva York, etc.

Vinculado a la Medicina natural, el Shiatsu, cuyo objetivo es lograr el alivio de los dolores, tensión, fatiga y, en general, padecimiento y síntomas de algunas en-

fermedades, además refuerza el sistema inmunitario, equilibra el sistema nervioso autónomo, mejora el metabolismo, aumenta el rendimiento tanto físico como intelectual, eleva el tono vital, proporciona bienestar físico y emocional, despierta la conciencia del cuerpo, responsabiliza sobre la propia salud y mejora las relaciones humanas.El Shiatsu, fiel a su origen, recomienda que es mejor prevenir que curar.

Una sesión semanal ayuda a no enfermar, y al carecer de efectos secundarios, es también aconsejable en enfermos crónicos que prefieran una alternativa de terapia natural o no puedan ser tratados con medicamentos.

Es importante que el paciente se sienta cómodo durante la sesión. La presión que reciba, aunque a veces dolorosa, no debe suponer sufrimiento.

Sabemos que el umbral del dolor varía en cada persona, por ello si el paciente siente la presión muy fuerte, es él quien deberá comunicárselo al terapeuta.

El Shiatsu no actúa como la Medicina alopática, no combate

directamente el síntoma, sino que va al origen de la enfermedad y despierta los poderes curativos del cuerpo.

El Shiatsu no cura por sí mismo, lo que sí hace es ayudar a que el paciente restaure su equilibrio y a que, en un estado de armonía natural, sea capaz de mantener o recuperar la salud.

En palabras de Tokujiro Namikoshi:

«El Shiatsu es como el amor de madre; la presión sobre el cuerpo estimula la fuente de la vida».

■ EL SIGNIFICADO DE LA TERAPIA DE SHIATSU

Cuando las personas sentimos algún tipo de rigidez, entumecimiento o dolor en alguna parte del cuerpo, solemos frotar o presionar con las manos allí donde nos molesta. Acciones como éstas para curar los desórdenes son anteriores a la Medicina y la Historia misma.

Tanto la palabra japonesa para tratamiento, *teaté*, como la que define a estados que se escapan por completo de control, *te-okure*, incluyen la palabra mano, esto es: *te*, lo que sugiere la importancia que los antiguos terapeutas daban a la manipulación.

A pesar de que puedan diferir en el método, tanto el masaje occidental como el oriental Amma derivan del uso instintivo de las manos del hombre para curar.

El Amma, que se originó en China y pasó luego a Japón, fue durante mucho tiempo muy popular entre las gentes debido fundamentalmente a su conveniencia.

Alcanzó su máximo desarrollo de popularidad durante el período Edo (1600-1876), con la

influencia de la cultura occidental que siguió a la apertura de Japón en la segunda mitad del siglo XIX. Sin embargo, el Amma fue durante un largo período de tiempo reemplazado por el masaje occidental.

A pesar de su origen, principios terapéuticos, métodos y efectos diferentes, tanto el Amma como el masaje occidental comparten algunos aspectos.

Ambos emplean técnicas de fricción, golpes, amasamiento y frotación, ejecutadas rítmica y rápidamente. Los dos tipos de masaje son dinámicos.

En contraste con ellos, el método terapéutico distintivamente japonés llamado Shiatsu, fundado por Tokujiro Namikoshi, es de naturaleza calma.

Este método emplea las yemas de los dedos y las palmas de las manos. Su principio básico es aplicar presión a la superficie del cuerpo de una forma gradual, de modo que penetre y flexibilice los músculos que se encuentran bajo la piel.

Este tipo de tratamiento no sólo estimula o relaja los múscu-los, sino que mejora los efectos terapéuticos alentando los propios poderes naturales de recuperación del cuerpo.

El moderno sistema de Shiatsu, fundado sobre estos principios, determina los puntos de la superficie del cuerpo que son más efectivos en cada tratamiento desde el punto de vista de la anatomía y la fisiología contemporáneas, desarrollando de esta manera las técnicas manuales más adecuadas para las distintas partes del cuerpo.

■ **HISTORIA DEL SHIATSU**

La Medicina china se introdujo en Japón hace más de mil años, pero la época más floreciente fue desde el período Tokugawa (siglo XVIII) hasta la época Meiji (siglo XIX). Durante ese tiempo, Japón no recibió influencias extranjeras y sus tradiciones y costumbres se desarrollaron con total normalidad.

La Medicina oficial durante este período fue la Medicina china (Kampo) que constaba de Fi-

toterapia, Acupuntura, Moxibustión, Amma y Ampuku.

En 1827, Shiusai Ota escribió el llamado *Libro de Ampuku*, en el que se destacaba la gran importancia del Shiatsu en relación al abdomen; este libro de Shiusai Ota está considerado desde entonces como el fundamento del Shiatsu.

Hacia finales de ese período el Amma se ramificó en dos:

- El Amma actual que era ejercido por ciegos y era un tipo de masaje relajante.

- El Ampuku, ejercido por personas cualificadas con el título de Kengyo, especializadas sobre todo en curar enfermedades.

Después de la revolución Meiji, en 1867, Japón comenzó a modernizase y a recibir influencias extranjeras a nivel tanto político, como social y económico.

Como consecuencia, la Medicina hasta entonces oficial pasó a un segundo plano debido al impacto de la nueva Medicina occidental. Se anularon entonces los títulos de los antiguos médicos de Kampo y se les obligó a estudiar la carrera de Medicina occidental.

Con ello, 39.000 médicos de Kampo dejaron de existir, debido a que las clases de Medicina en la Universidad de Tokio se impartían exclusivamente en alemán. Los estudiantes de esa nueva Medicina eran básicamente antiguos médicos Kampo o sus hijos.

No obstante, el gobierno en la época Meiji (1867-1911) creó sin embargo unas escuelas oficiales de Amma exclusivamente para gente invidente, pues admitía que aunque su técnica era menos eficaz que la Medicina occidental no resultaba perjudicial.

Alrededor de 1890 se introdujeron en Japón las técnicas del quiromasaje. Desde ese momento el Amma adaptó algunas de sus teorías y práctica, olvidando la importante base de la Medicina oriental (tsubo, meridiano, etc.) y se dejó desde entonces de practicar Ampuku, esto es, ma-

saje abdominal de gran poder curativo.

La razón que se esgrimió para ello fue que el Ampuku podía resultar peligroso. Así, el Amma perdió una parte importante de su herencia oriental, disminuyendo de esta forma notablemente su eficacia.

Hacia el año 1901 el Parlamento japonés decretó una nueva legislación que regulaba estas actividades, permitiéndose trabajar sólo a los poseedores del título oficial.

De esta manera el Ampuku sobrevivió casi de forma clandestina entre aquellos que no tenían el título oficial.

Durante esta época también se introdujeron en Japón técnicas de Europa y América tales como la Quiropráctica, Osteopatía, etc., que también influyeron, por tanto, en ir formando lo que hoy se conoce como Shiatsu.

A pesar del control del gobierno, hacia 1930 había una gran diversidad de terapias que se habían ido creando de forma clandestina.

Todas las terapias intentaban regular el nivel energético del organismo, lo que puede hacerse de diversas maneras.

En vista de este caos y de la eficacia de los tratamientos, ya que había más de 300 técnicas diferentes, el gobierno tuvo que admitir que fueran de nuevo legalizadas.

El Shiatsu era una de estas terapias. A partir de este momento empiezan a aparecer libros y publicaciones sobre el Shiatsu, que fue adquiriendo cada vez más importancia destacándose sobre las otras técnicas.

■ CRONOLOGÍA DE LA HISTORIA DEL SHIATSU

1945

Al finalizar la Segunda Guerra Mundial, el general MacArthur, que estaba ocupando Japón, exigió a todos los que practicaban métodos orientales, exceptuando la Acupuntura, que presentaran un informe explicando en qué consistían sus técnicas para así

legalizarlas dentro de una nueva institución paramédica respecto a la oficial.

La única terapia admitida, de las 300 que existían, fue el Shiatsu, aparte de la Acupuntura Amma y Masaje, que ya habían sido aceptadas con anterioridad.

1955

A partir de esta fecha el Shiatsu empezó a conocerse en países como Alemania, Inglatrerra, Francia, etc., consiguiendo cada vez mayor popularidad —más que el Amma, debido a su gran eficacia—, y también porque adoptó algunas técnicas extranjeras como la Quiropráctica.

Otro de los motivos fue la derrota de Japón en la guerra: la Medicina oficial estaba colapsada y los servicios médicos muy deteriorados. Todo ello ayudó a revalorizar la Medicina oriental.

1964

En esta fecha el gobierno reconoció y elevó la categoría del Shiatsu al nivel del Amma y Masaje en el campo de la Terapia manual.

1967

En esta época se hablaba mucho del Shiatsu en todos los medios de comunicación: en radio, televisión, etc., y Namikoshi escribió el libro titulado *Tres minutos de Shiatsu*, con el que consiguió un gran éxito de ventas y con el que además colaboró enormemente en la revalorización del Shiatsu.

指圧

Segunda parte
Los maestros

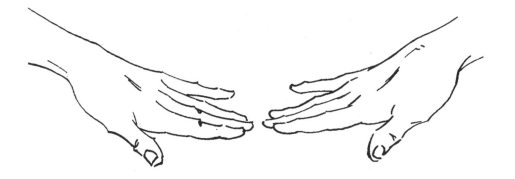

Los maestros

■ INTRODUCCIÓN

Puesto que ya se ha hablado brevemente en el capítulo anterior de la historia del Shiatsu, resulta interesante conocer algo más a fondo a aquellas personas que iniciaron y han continuado llevando adelante esta técnica. Son los que hemos denominado maestros del Shiatsu.

Nada mejor para conocer más a fondo la técnica que saber en qué se basaron los primeros practicantes de la misma, así como quiénes han sido aquellos personajes que se han encargado de perpetuar y difundir el Shiatsu. Con este fin se han elaborado las biografías de los maestros del Shiatsu.

■ TOKUJIRO NAMIKOSHI

Tokujiro Namikoshi, que como ya se ha mencionado es el creador de la terapia Namikoshi de Shiatsu y quien elaboró su método de enseñanza y aplicación, nació el 3 de noviembre de 1905 en la isla japonesa de Shikok.

Se cuenta de su vida que ya a la corta edad de siete años, junto con su familia, se vio en la obligación de cambiar su residencia a la norteña isla japonesa de Hokkaido.

Tanto el cambio en sí como las pésimas condiciones del mismo, lo que provocaron fue que su madre comenzara a enfermar y a quejarse de un dolor en las rodillas que poco a poco se iría extendiendo a sus tobillos, muñecas, codos y hombros, para convertirse en lo que ahora denominamos un polirreumatismo de las articulaciones.

La forma de aliviar aquellos dolores que sufría la mujer era acariciándole y masajeándole las zonas doloridas.

Aunque debido a su corta edad no conocía nada de Fisiología ni de Anatomía, él sí era capaz de advertir y notar diferencias en las condiciones de la piel, el calor y la rigidez.

Tokujiro Namikoshi al iniciarse en la técnica del masaje fue ajustando la presión de sus manos conforme a las variaciones y a las condiciones. Así pues, en un principio utilizaba un 80% de frotamiento y un 20% de presión, pero pronto descubrió que invertir los porcentajes resultaba más efectivo.

Poco a poco notó que concentrándose en las zonas más rígidas y frías, la afección de su madre mejoraba bastante. Puesto que había estado presionando a ambos lados de la región media de la espina dorsal, había estado estimulando, sin saberlo, las glándulas suprarrenales para segregar cortisona, que cura el reumatismo.

Finalmente, su madre consiguió curarse completamente.

De esta manera puede decirse que así es como nació la técnica del Shiatsu.

Fue en 1925 cuando Tokujiro Namikoshi abrió en Hokkaido el Instituto Shiatsu de Terapia.

En 1933, tras dejar la escuela a cargo de sus discípulos y estudiantes, personas que le seguían tras haber sido pacientes suyos, se marchó a Tokio para abrir otro instituto de Shiatsu; aunque no fue hasta el 11 de febrero de 1940 cuando establecería el Instituto Japonés de Shiatsu.

La terapia y las conferencias de la escuela obtuvieron un amplio reconocimiento por los inconfundibles efectos del tratamiento Shiatsu.

Era muy conocido en Japón donde fue considerado como el principal difusor del Shiatsu, y su fama rebasó las fronteras en el momento en que se convirtió en el masajista de la popular actriz Marilyn Monroe, cuando la estrella mundial del cine visitó Japón en 1954.

Un año después, en 1955, por vez primera el Shiatsu fue aprobado legalmente.

Tal fue su popularidad que desde 1968 Namikoshi aparecía regularmente en programas de la televisión japonesa como comentarista de temas médicos y de salud. Falleció un 25 de septiembre víctima de un cáncer de pulmón en un hospital de Tokio a los 94 años de edad.

■ SHIGERU ONODA

Shigeru Onoda, natural de Japón, se graduó en el Instituto Japonés de Shiatsu de Tokyo en abril de 1981, única escuela oficial para el aprendizaje del Shiatsu en su país, donde estuvo aprendiendo esta técnica con los maestros Tokujiro Namikoshi, Toru Namikoshi y Matsuko Namikoshi.

Tras graduarse como terapeuta de Shiatsu y realizar el examen estatal que le concedía licencia para la práctica del mismo en Japón, se dedicó también al estudio e investigación de otras técnicas.

En junio de 1984 se marchó a España con el fin de difundir la técnica del Shiatsu (que por aquel entonces era totalmente desconocido) y crear su clínica particular, cosa que consiguió en el año 1984, y que fue ampliando hasta el extremo de contar en la actualidad con dos centros de Shiatsu en Madrid, además de crearse gracias a él en 1996 la Escuela Japonesa de Shiatsu.

En 1992 fundó la Asociación Española de Shiatsu con lo que poco a poco el Shiatsu se fue abriendo un espacio propio en España y conociéndose, cada día más, su efectividad terapéutica.

En 1993 editó su primer libro: *Shiatsu básico*, donde de una forma sencilla y gráfica se recoge la base del Shiatsu de Namikoshi.

En 1997 publicó su segunda obra, *Libro Completo de Shiatsu.*

En 1999 y 2000 asistió y organizó diversos congresos nacionales e internacionales entre los que cabe destacar el XIII Congreso Internacional (Madrid, en octubre de 2000) con participación de todos los países donde hay centros y escuelas de Shiatsu en el mundo.

En enero del año 2000 comenzó a funcionar la denominada Asociación Internacional de Shiatsu del estilo Namikoshi, que cuenta como países troncales con Japón, Canadá, España e Italia.

En el mes de enero, pero esta vez de 2001, publicó su tercer libro, *Tratamiento de la lumbalgia mediante Shiatsu.*

Tercera parte
La teoría

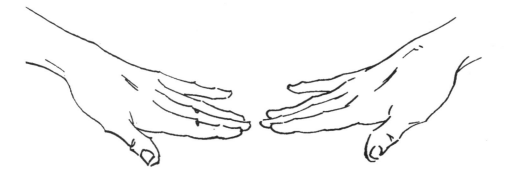

La teoría

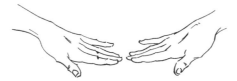

■ INTRODUCCIÓN

El Shiatsu es una aplicación de la medicina tradicional china, que hunde sus raíces en la filosofía oriental basada en el concepto del Tao, es decir, en la idea de la «unicidad».

Según esta acepción filosófica, unicidad significa que la existencia del universo y la de los individuos son profundamente complementarias, porque se componen de los mismos elementos; según los antiguos filósofos orientales, cada vida –por lo tanto, cada una de las manifestaciones del universo– y hasta el propio universo, recorre el mismo ciclo vital. El Yin y el Yang son las fuerzas opuestas que regulan todo el universo y sus manifestaciones. Si se quiere mantener la armonía de la creación, hay que mantener estas fuerzas en equilibrio, alcanzándose de esa forma la unicidad. Con unas nociones, se puede realizar.

El Yin es una fuerza negativa; y el Yang, en cambio, es la fuerza positiva.

Pero, dado que ni el Yin ni el Yang son un todo absoluto por sí solos, cada uno de ellos contiene inevitablemente al otro y todo está formado tanto por el Yin como por el Yang.

El Yi King dice:

«El Tao es el Yin y el Yang. El Yin y el Yang son los dos aspectos, opuestos y complementarios, de una misma energía: el Ki».

Además:

«El Ki es un algo indiferenciado, nacido de Cielo y Tierra; circula por doquier, sin detenerse jamás, por todas las cosas, animadas o inanimadas. El Ki es la energía que nutre, fuente de la fuerza y de la potencia, carburante de la vida. Todo procede del Ki».

Cualquier disciplina que apoye su trabajo de modo regular sobre la base del Ki puede desarrollar en el cuerpo una fuerza «total» distinta de la fuerza que es exclusivamente muscular. Además, estas fuerzas no son estáticas, sino que cambian continuamente, así que todo se compone y se forma con el Yin y con el Yang.

El Tao subraya y pone de relieve que la vida no es más que un flujo continuo de cambios. El Ki, que el occidental ve como «energía», es para el oriental la manifestación de la energía en el cuerpo, que es, a su vez, un microcosmos que refleja los movimientos que se dan en el universo entero (el macrocosmos).

Tanto la naturaleza como el hombre siguen los ciclos que se suceden espontáneamente, según el movimiento del todo, que es, precisamente, el movimiento del Ki; así que, de acuerdo con este concepto, cualquier función de nuestro cuerpo y cada uno de nuestros actos, están todos regulados por el Ki.

Para definir la naturaleza de esta energía impersonal, pueden recordarse las palabras del ilustre maestro K. Sasaki:

«El Ki es cada una de las cosas y está en todas las cosas: es la totalidad de los fenómenos y, al mismo tiempo, está en cada una de las cosas que existen».

Aunque el Ki sea invisible, en todos y cada uno de los momentos podemos ver y experimentar sus efectos proyectados en nuestra forma física, que aparece modelada por él. Es importante que tengamos presente que los dos opuestos son absolutamente complementarios por lo que no pueden prescindir el uno del otro.

El hecho de que se sucedan es natural y es indispensable en toda manifestación de vida. La Medicina oriental mantiene la creencia de que la enfermedad surge cuando se rompe el equilibrio entre estas dos fuerzas vitales.

Por lo tanto, la terapia debe ser preventiva y ha de consistir en mantener el cuerpo dentro de un equilibrio armónico. Cada vez que se pierda la armonía, entonces habrá que restablecerla.

El Shiatsu es, antes que ninguna otra cosa y principalmente, un método para conservar la salud y para mantener así el cuerpo en armonía.

Por lo tanto, el planteamiento oriental es empírico, porque

el tratamiento se basa principalmente en la experiencia y en la observación.

Los médicos chinos han observado que existe una relación entre determinadas dolencias y ciertos puntos concretos de la superficie del cuerpo que se ponen calientes, fríos, entorpecidos, rígidos, dolorosos, untuosos, secos, doloridos, pálidos o manchados.

Localizaron seiscientos cincuenta y siete de estos puntos, observando que algunos de ellos parecían relacionarse con otros. A continuación hicieron un mapa médico, trazando las líneas que enlazaban estos puntos y de esta forma llegaron a determinar la existencia de doce meridianos, doce «vías» que unen los puntos de cada una de las dos mitades del cuerpo.

Además de estos meridianos, trazaron otros que también se coordinan entre sí, y que cortan el cuerpo por la mitad:

• El meridiano de la concepción, que recorre la base del tronco para llegar al centro del abdomen, y se dirige al centro del pecho, para terminar en el punto situado en medio de la mandíbula. Este meridiano actúa sobre la energía Yin.

• El meridiano regulador que parte del punto medio de las encías superiores sube hasta el centro del cráneo, y desciende después, por la columna vertebral, para terminar en la base del cóxis. Actúa sobre la energía Yang.

Por lo tanto, podemos decir que los meridianos son las vías a través de las cuales circula la energía del universo por los órganos del cuerpo, manteniendo de esta forma todos los órganos en armonía.

Conviene repetir que, según esta teoría, la enfermedad y el dolor surgen cuando se bloquean las vías de los meridianos, interrumpiendo el flujo de energía y rompiendo la armonía del cuerpo.

Dice el maestro Masunaga:

«Los meridianos represen-
tan el tejido de la energía
esencial de la vida: el Ki».

Para liberar las vías energéticas se insertaban entonces unas
agujas finísimas, justamente en
los puntos enfermos o en los
puntos que se relacionaban con
aquéllos.

El Shiatsu se desarrolló en Japón en el siglo XVIII y se inició
combinando la técnica de la Acupuntura china y la forma tradicional del masaje oriental,
llamado Amma.

El Amma (de *am*, que significa presionar, y *ma*, que se puede
traducir por friccionar) consiste, como su significado indica,
precisamente en eso, en presionar y friccionar con los dedos o
con la palma de las manos los
puntos que están dolorosos en
nuestro cuerpo o en el de otras
personas a las que practique-
mos el masaje.

Se descubrió así que la
presión directa del pulgar y de
los dedos sobre los puntos meridianos de la Acupuntura, produ-
cía el mismo efecto beneficioso.

■ LA RESPIRACIÓN

«Las sensaciones van y vie-
nen como nubes en un cielo
golpeado por el viento. La respiración, que lo sabe, es mi
ancla».

THICH NHAT HANH

Los pulmones están recubiertos
por dos membranas, llamadas
pleuras; de éstas, la interior está
en contacto con el tejido pulmonar, mientras que la otra, la
membrana externa, permanece
por su parte en contacto con la
caja torácica.

Los pulmones son recipien-
tes pasivos, porque lo que provoca el movimiento «reflejo» en
los mismos es el movimiento de
la caja torácica. Así, en el momento de inspirar, o tomar el
aire, el diafragma desciende,
obligando a los músculos intercostales a ensanchar las costillas que lo rodean por fuera.
Este movimiento aumenta el
volumen de la caja torácica y, al
crear al mismo tiempo un vacío
en su interior (que sería la pre-

sión negativa), provoca la inspiración del aire.

La inspiración es el movimiento activo de la respiración, mientras que, por el contrario, la expiración o expulsión del aire es involuntaria, ya que, al ser elástico, el tejido pulmonar tiende a volver a su estado original tras la extensión que ha tenido lugar durante la inspiración.

A este proceso, hay que añadir el descenso del tórax, que se debe a la propia fuerza que ejerce la gravedad, que hace que la caja torácica vuelva a su sitio por efecto de su propio peso.

La expiración es un movimiento pasivo, como ya hemos dicho, pero, cuando ésta se prolonga, los músculos abdominales representan un papel importante, ya que se contraen para dar al diafragma la posibilidad de volver a subir todo lo posible.

En este sentido, la expiración profunda, es decir, prolongada, es un movimiento activo que se puede «administrar».

■ CÓMO SER CONSCIENTES DE LA RESPIRACIÓN

Aprendiendo a conocer la propia respiración, se es consciente de uno mismo, base indispensable para quien quiere practicar el Shiatsu de un modo auténtico.

Sin tener una clara consciencia de esto, el deseo de actuar terapéuticamente en beneficio de los demás corre el peligro de quedarse sólo en un deseo o, lo que es peor, puede llegar a resultar perjudicial.

El primer paso en esa dirección es acostumbrarse a observar la propia respiración y, posteriormente, aprender a llevarla al Hara, es decir, a su propio centro.

Por lo tanto, hay que encontrar, ampliar y hacer más eficaz la respiración diafrágmica.

La tendencia de la cultura occidental es la de actuar con la parte superior del cuerpo; inevitablemente y por regla general, la respiración se sitúa en la parte alta del tórax. Dando preferencia al momento de la inspiración, se acentúa el movimiento que eleva las costillas a través de los músculos torácicos.

En la respiración torácica alta, la expulsión del aire se hace después de soltar los músculos inspiradores y, por lo tanto, debido a que la caja torácica vuelve a su estado natural de reposo, lo que ocurre es que, para expulsar a fondo el aire, es preciso hacer uso de los músculos abdominales, los cuales, para funcionar, tienen que contar con una elevación completa del diafragma, que es el músculo principal de nuestra respiración.

Todas las disciplinas orientales que se refieren al cuerpo se basan en el supuesto filosófico –y, en consecuencia, físico– de la práctica de la respiración diafrágmica.

■ LA ALIMENTACIÓN

Cualquier enfermedad es el resultado de un estado tóxico, porque va siempre acompañado por una alteración del estado interno, alteración que está causada por una acumulación de acidez en los tejidos.

Cuando el organismo está enfermo, es porque se siente abrumado por algo «que le sobra y que le estorba»: demasiadas toxinas, demasiada inflamación y mucha acidez.

Cualquier cambio en la dieta que favorezca la eliminación de ese «exceso», es beneficioso con toda seguridad y producirá efectos positivos para nuestro organismo y, en ciertos casos, resolutivos.

Pero es muy raro que cualquiera que empiece una dieta, del tipo que sea, se capaz de seguirla indefinidamente.

Para cambiar de manera definitiva las costumbres alimenticias adquiridas hay que tener consciencia de uno mismo: sólo en este caso se abandonan espontáneamente o, al menos, se reducen los comportamientos alimentarios nocivos.

El deseo de introducir en el cuerpo lo que le gratifica momentáneamente, pero que termi-

nará con el tiempo por resultar perjudicial, disminuye por sí mismo, empezando poco a poco a aligerar el cuerpo del exceso de toxinas y tranquilizando a la mente con una respiración dirigida cada vez con mayor frecuencia hacia el Hara.

Los alimentos, como todo en el universo, tienen una esencia, un sabor «sutil» que provoca cinco efectos distintos sobre nuestra energía vital:

• El sabor salado provoca una cierta pérdida de vitalidad del Ki.

• El sabor dulce produce una pérdida del Ki.

• El sabor ácido provoca una dificultad en la función del Ki.

• El sabor amargo provoca una falta de fluidez de la función del Ki.
• El sabor picante produce una exaltación del Ki.

Por consiguiente, si se abusa de un sabor determinado, se provoca un desequilibrio del Ki.

Una sensibilidad corpórea escasa hace que nos orientemos hacia los sabores fuertes, violentos, que acaban por inhibir la buena circulación del Ki; especialmente cuando uno está enfermo, debería evitar los alimentos demasiado sabrosos. Hemos observado que la absorción de azúcares tiene la finalidad de ayudar a conseguir una cierta laxitud física, pero su exceso produce una mayor acidez, que pone en movimiento un mecanismo capaz de debilitarnos cada vez más.

Hay que dejar limpia de residuos (toxinas de todo tipo) la sangre que circula por el cuerpo; sólo así será capaz de aportar alimento a todas las células. Por este motivo debe resultar eficaz la función de eliminar las impurezas.

Una limpieza diaria de la zona rectal debería convertirse en una práctica higiénica habitual.

Puede que parezca extraño un planteamiento semejante en

un método como el del Shiatsu, donde se habla tanto de energía sutil, del corazón y del espíritu. Y, sin embargo, únicamente nuestra habitual ignorancia (fruto de dos mil años, como mínimo, de separación entre el cuerpo y el espíritu) puede cegarnos tanto ante la evidencia: el espíritu está limpio, si está limpio el cuerpo.

Un Hara obstruido por las toxinas puede generar energía sólo venciendo grandes dificultades: es esencial que el organismo sea capaz de absorber elementos nutritivos y no las toxinas producidas por la permanencia de los residuos orgánicos de nuestro colon.

Los pueblos occidentales tienen una función digestiva difícil, teniendo en cuenta, por una parte, el exceso de alimento que se introduce en el sistema y, por otra, las influencias de las tensiones, que encuentran una vía preferente de expresión a través del sistema digestivo.

La costumbre de la limpieza del recto es muy sencilla y eficaz: después de haber evacuado, hay que introducir un poco de agua (templada, simplemente de la que sale por el grifo), con ayuda de una pera de goma que contenga, por lo menos, 300 cc.

Es sorprendente comprobar la cantidad de residuos que quedan dentro de nuestro organismo y que no se habían expulsado del todo. Esta misma técnica, sencilla y básicamente inocua, puede utilizarse para la evacuación de las heces cuando ésta resulte difícil, como en el caso de las heces endurecidas debido a su larga permanencia dentro del colon o a la escasa introducción de líquidos en el cuerpo.

El proceso completo no requiere más de dos minutos y, con el tiempo, se convertirá en una costumbre habitual e indispensable.

Además, para aumentar la eficacia de la membrana celular en su función de impedir el paso de las bacterias, algunos médicos recomiendan el uso de la vitamina F (ácidos grasos polinsaturados, presentes en los aceites de

cártamo, maíz, girasol, lino y oliva prensados en frío).

Otro sistema que podemos poner en práctica es el de consumir, por lo menos un día a la semana, únicamente líquidos (zumos de frutas y/o de verduras). No debe mezclarse la fruta con la verdura y no debe tomarse más zumo que la cantidad correspondiente al alimento que se tomaría en estado sólido.

■ CARACTERÍSTICAS DEL SHIATSU

A) El Shiatsu es una técnica que beneficia a todos y cada uno de nosotros en todas las edades. Facilita el crecimiento de los niños y les da una constitución fuerte y sana; ayuda a los adultos a mantener una buena salud y un aspecto juvenil; en los ancianos, contribuye a conservar la elasticidad del cuerpo y a prevenir los achaques de la edad.

También se puede enseñar a los niños pequeños, con paciencia y con cariño, a cuidar de sí

mismos mediante la técnica del Shiatsu.

Para terminar, por lo que se refiere al Shiatsu practicado sobre los demás, puede ser un modo de alcanzar, con los amigos y familiares, un estado de salud ideal.

B) El Shiatsu considera y trata a la persona en su conjunto, porque todos los sistemas del cuerpo están ligados unos a otros de una forma bastante compleja.

Por este motivo, cuando se recurre al Shiatsu para tratar una zona determinada es oportuno someter todo el cuerpo al tratamiento. Si se trata únicamente el área afectada, es probable que se consiga sólo un efecto inmediato.

C) El Shiatsu es el mejor sistema para hacer un control médico diario del cuerpo. Si uno se acostumbra a practicar el Shiatsu, se podrán también observar hasta las señales mínimas de cambio en el estado de salud, pudiendo así actuar a tiempo para aliviar el cansancio, la tensión y otras molestias menores. Cuanto más hayamos tratado de incorporar el Shiatsu a nuestra rutina diaria, más enérgicos y positivos nos sentiremos.

■ CONSEJOS ÚTILES

Nunca se debe empezar el tratamiento ni en uno mismo ni en los demás antes de estar absolutamente seguros de tener las manos limpias y, sobre todo, las uñas bien cortas, para no hacer daño.

Hay que respirar profundamente durante unos segundos, para tranquilizarse y liberar la mente de cualquier distracción o preocupación.

La respiración debe coordinarse con los movimientos, para que la sesión se lleve a cabo con un ritmo uniforme y agradable; hay que expulsar el aire cuando se ejerce la presión, mantener una postura cómoda y concentrarse en lo que se está haciendo.

Es importante que también la otra persona respire de modo natural y regular y que expire en el momento en que se le presiona.

También es importante no presionar con la punta de los dedos o con los nudillos, sino con la palma y con las yemas de los dedos.

Como es natural, el Shiatsu es una disciplina absolutamente inocua; pero –como ocurre en todas las terapias físicas– siempre será conveniente seguir algunas reglas generales básicas:

• Debe tenerse en cuenta lo que quiere el otro.

• Hay que tener cuidado de no ejercer presión sobre un punto único mucho tiempo y de no prolongar demasiado la sesión.

• La edad y, sobre todo, el estado de salud de la persona que se somete al tratamiento son factores que hay que tener siempre en cuenta.

• A las personas que tienen dificultades motrices debidas a estados dolorosos que dificultan su movilidad, es conveniente hacerlas tenderse o sentarse en posiciones lo más cómodas posibles para ellas.

• Cuando alguien se encuentre muy débil, no debe practicar el Shiatsu.

• No es conveniente practicar el Shiatsu durante el transcurso de una enfermedad infecciosa.

• Los casos de úlcera de estómago u otros desarreglos graves de los órganos internos requieren cuidados médicos profesionales, antes de ninguna otra cosa.

Cuarta parte
La técnica

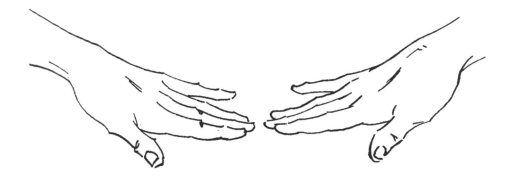

La técnica

■ LA MANIPULACIÓN

La mano del hombre es un instrumento portentoso que ha contribuido enormemente a su civilización.

Hoy día damos por sabidas y descontadas las posibilidades de nuestras manos y solemos olvidarnos de sus dotes, entre las que se cuenta la posibilidad de aliviar el dolor.

Ponernos de acuerdo con nuestras manos es uno de los objetivos del Shiatsu.

En la piel de los dedos, especialmente en las puntas, así como en la palma de las manos, hay una enorme cantidad de receptores sensoriales. Estos sensores son de una multiplicidad de tipos, ya que cada uno de los dedos tiene una capacidad especial. Así pues, el pulgar es más sensible a las superficies en punta y afiladas; en cambio, el índice es capaz de reconocer la suavidad o la aspereza, las menores diferencias de nivel; el dedo corazón es sensible al contorno de las superficies y su compactibilidad, mientras que el anular reacciona mejor al calor.

Será la práctica la que hará volverse cada vez más sensibles a nuestras manos, haciéndonos capaces de regular perfectamente el grado y el tipo de presión y de comprender qué zonas necesitan de tratamiento.

■ LA PRESIÓN

Hay que ejercer un grado distinto de presión, con arreglo y en relación con el grado de contracción de la zona muscular a tratar.

Por ejemplo, una presión fuerte sobre unos músculos contraídos no sólo resultará contraproducente, sino que será inútilmente dolorosa. En casos como existe, lo oportuno será empezar con una presión ligera y de corta duración.

El cualquier caso, con la práctica, aprenderemos a observar los cambios en el estado de los músculos y llegaremos a valorar el grado y el tipo de presión más conveniente en cada caso que tratemos.

• MANO QUE ROZA
Las manos rozan levemente la piel. Se hace así para percibir la temperatura de la piel y para tratar a los niños pequeños.

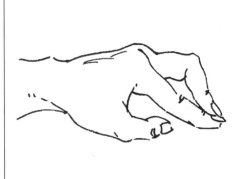

LA PRESIÓN

- Mano que roza
- Delicada
- Ligera
- Discreta
- Mantenida

• DELICADA

Este tipo de manipulación es la más adecuada para tratar a los niños pequeños y a las personas ancianas, porque penetra ligeramente a través de la piel hasta llegar a los tejidos conjuntivos.

• LIGERA

Produce una sensación agradable, porque penetra ligeramente a través de la piel y llega hasta la superficie de los músculos.

• DISCRETA

Esta manipulación produce una sensación de molestia aunque agradable al mismo tiempo, porque actúa sobre los músculos en profundidad.

• MANTENIDA

Ésta se debe mantener para tratar las contracturas musculares. Hay que tener en cuenta que puede provocar cierto dolor en la persona que lo está recibiendo.

■ **TIPOS DE MANIPULACIÓN**

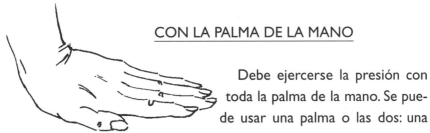

CON LA PALMA DE LA MANO

Debe ejercerse la presión con toda la palma de la mano. Se puede usar una palma o las dos: una junto a otra, con los pulgares de ambas en contacto, o por separado; esto dependerá de las particularidades de la zona a tratar. Se hace así especialmente cuando hay que manipular los globos de los ojos, los lados de la cabeza, las sienes, el tórax, la región inguinal o el abdomen.

CON UNA PALMA SOBRE LA OTRA

La palma de la mano izquierda debe apoyarse sobre el dorso de la mano derecha, para que esta última pueda ser lo más firme posible. La presión debe ejercerse con la palma de la mano derecha. Se emplea este procedimiento para practicar una presión concentrada sobre el tórax o sobre el abdomen.

CON LAS MANOS UNIDAS Y ENTRELAZADAS

Deben entrecruzarse los dedos de las manos. Se ejerce la presión con la parte carnosa de las manos que está en la base de la muñeca. Se emplea principalmente para tratar los puntos de los riñones.

CON TODOS LOS DEDOS

La presión debe ejercerse con el pulgar y, simultáneamente, con todos los demás dedos, de forma que la parte que se esté tratando se pueda aga rrar. Esta manipulación se usa principalmente para tratar la nuca y las pan torrillas.

CON LOS DEDOS ÍNDICE, CORAZÓN Y ANULAR (1)

La palma de la mano izquierda debe apoyarse sobre el dorso de la mano derecha, para que esta última pueda ser lo más firme posible. La presión debe ejercerse con la palma de la mano derecha. Se emplea este procedimiento para practicar una presión concentrada sobre el tórax o sobre el abdomen.

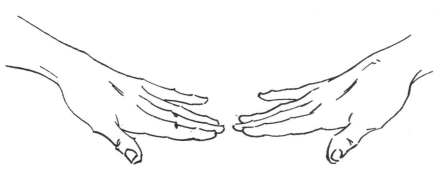

CON LOS DEDOS ÍNDICE, CORAZÓN Y ANULAR (2)

La presión se debe ejercer simultáneamente con estos tres dedos de las dos manos. Hay que hacerlo de manera que las puntas de los dedos corazón de ambas manos se toquen entre ellos.

En algunos casos se ejerce este tipo de presión, poniendo los dedos de la mano izquierda sobre los de la mano derecha. Se hace esto, sobre todo, para manipular la cabeza, la cara, la parte posterior y lateral del cuello, el tórax, el abdomen y las piernas.

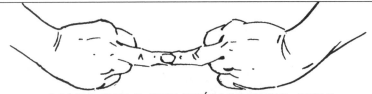

CON EL DEDO CORAZÓN SOBRE EL OTRO

Se hace principalmente para imprimir una presión que esté concentrada sobre el bulbo raquídeo. La yema del dedo corazón derecho debe apoyarse, a lo largo de la médula. Después, se debe posar la yema del dedo corazón izquierdo sobre la uña del dedo derecho. Debe ejercerse la presión con los dedos puestos en esta posición.

CON EL DEDO CORAZÓN SOBRE EL ÍNDICE

La yema del dedo corazón se apoyará sobre la uña del dedo índice. Se ejercerá la presión con la yema del dedo índice. Se hace esto principalmente para tratar las órbitas de los ojos, los laterales de la nariz y para la zona que está entre los omóplatos.

CON TODOS LOS DEDOS CRUZADOS

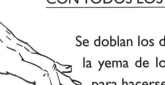

Se doblan los dedos. La presión se ejerce con la yema de los dedos. Sirve principalmente para hacerse el Shiatsu uno mismo.

CON LA YEMA DEL PULGAR

Se ejerce la presión con la yema del dedo pulgar de una mano. Se hace así, sobre todo, para masajear los lados del cuello y el punto lateral del costado.

CON LA YEMA DE LOS PULGARES UNIDAS

La presión se debe ejercer con ambos dedos pulgares. Los bordes exteriores deben estar uno junto a otro; las manos se ponen extendidas y los dedos unidos. Se hace así fundamentalmente para poder manipular mucho mejor las piernas y la espalda.

CON LOS PULGARES SUPERPUESTOS

Hay que apoyar el pulgar izquierdo sobre el derecho. Debe ejercerse la presión simultáneamente, empleando ambos dedos pulgares. Se hace esto principalmente para ejercer así una presión que se concentre fundamentalmente sobre el primer punto lateral de la tibia, así como sobre la zona posterior de las piernas.

CON LA BASE DEL PULGAR

Se ejerce la presión con la zona carnosa que hay en la base del dedo pulgar.

■ TIPOS DE PRESIÓN

LIGERA

Es el tipo de presión que se ejerce con más frecuencia. Se presiona durante tres segundos aproximadamente, después de lo cual se irá liberando lentamente la presión.

FORZADA

Se hace principalmente en los casos en los que la presión se ejerce con la palma de la mano. La presión debe mantenerse constante durante unos cinco o diez segundos.

VIBRANTE

Se hace así esencialmente cuando se ejerce la presión a través de la palma de la mano, para estimular los órganos internos. Debe apoyarse la mano sobre la piel. A partir de ahí, hay que hacer un movimiento de vibración hacia adelante y hacia atrás durante cinco o diez segundos. Al penetrar estas vibraciones profundamente, proporcionan una sensación agradable.

RÍTMICA

Se consigue ejerciendo una presión rítmica y que discurre de un punto a otro, sobre el que se detiene durante un segundo aproximadamente. Se hace esto para tratar las contracturas musculares que se extienden en sentido longitudinal.

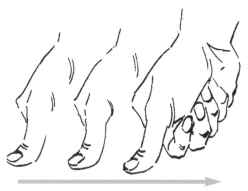

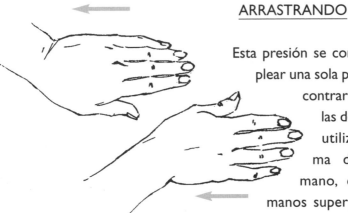

ARRASTRANDO

Esta presión se consigue al emplear una sola palma o, por el contrario, alternando las dos o, también, utilizando la palma de una sola mano, con las dos manos superpuestas, para friccionar la piel de arriba abajo. Se hace esto en la espalda, el abdomen y el tórax.

EN VENTOSA

Se hace así principalmente en el caso de ejercer presión con la palma de la mano. La palma de una o de las dos manos debe estar apoyada sobre la piel con firmeza. La presión se ejercerá contrayendo la palma y levantándola de la parte afectada, como si se tratara de una ventosa. Este movimiento actúa sobre el tejido conjuntivo que hay entre la piel y los músculos.

GIRATORIA

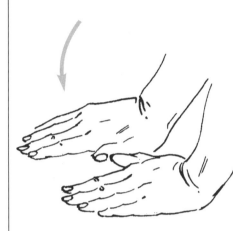

Se pega una mano o las dos manos a la piel, y, después, hay que presionar con un movimiento circular que se debe hacer evitando que la palma de la mano corra sobre la piel. Se hace esto principalmente para tratar la espalda, el abdomen o bien el tórax.

SUCESIVA

Esta presión se consigue al emplear una sola palma o, por el contrario, alternando las dos o, también, utilizando la palma de una sola mano, con las dos manos superpuestas, para friccionar la piel de arriba abajo. Se practica este sistema en la espalda, el abdomen y el tórax.

■ LAS ZONAS PRINCIPALES DE PRESIÓN

EL PLEXO SOLAR

Es el punto que corresponde al estómago. Por lo tanto, es fundamental para el tratamiento de los desarreglos relativos a la digestión. En la serie abdominal, que se compone de doce puntos, los del plexo solar corresponden a los números 1 al 6. Se encuentran exactamente debajo de la caja torácica. Debe recordarse que en estos puntos sólo debe usarse la presión de la palma de la mano.

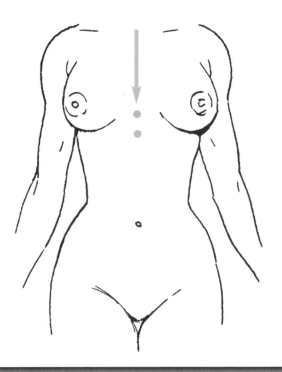

LA PARTE LATERAL DEL GLÚTEO

En el tratamiento de la diarrea, de las molestias menstruales y de otros desarreglos que se sitúan en la región de las caderas, se manipula este punto. El punto «lateral de la cadera» se localiza en ambas caderas y está situado encima de un nervio que se extiende a unos cinco centímetros del nervio ciático (en ligera diagonal). La presión que habrá que ejercer sobre este punto debe ser fuerte y ha de imprimirse con el dedo pulgar.

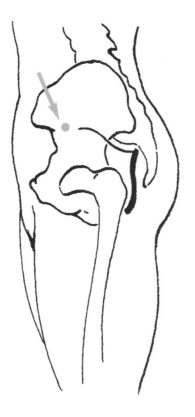

LA BASE DEL CRÁNEO

Para tratar una gran cantidad de molestias, como la hemicrania o jaqueca, los dolores de cabeza en general y las «resacas» por consumo excesivo de alcohol, hay que imprimir la presión en la base del cráneo. Cuando nos sintamos cansados, podemos ejercer una presión sobre este punto: inmediatamente notaremos una sensación de alivio. La presión, de grado medio y fuerte, se hace con el dedo pulgar.

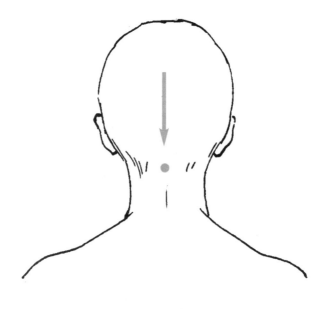

EL EXTERIOR DEL ANTEBRAZO

Este es el primero de una serie de ocho puntos que están situados longitudinalmente en el lado externo del antebrazo: entre el codo y la muñeca. La presión que se haga sobre este punto aliviará el cansancio de los brazos. También aquí, como para el punto correspondiente de la pierna, se sentirá una sensación desagradable, que es totalmente normal. Conviene recordar que hay que hacerlo con cuidado y debe ejercerse una presión firme, gradual, pero prolongada.

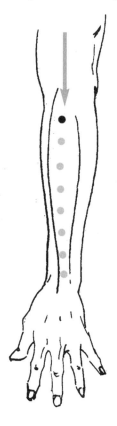

EL EXTERIOR DE LA PANTORRILLA

Este es el primer punto de una serie de seis, que están situados longitudinalmente por el lado exterior de la pierna. Es un punto fundamental para aliviar el cansancio de las piernas. Está colocado encima de un nervio que recorre transversalmente el hueso de la pierna. La presión se debe ejercer gradualmente, puesto que se trata de un nervio. Hay que tener cuidado de que la presión no sea demasiado fuerte ni demasiado prolongada.

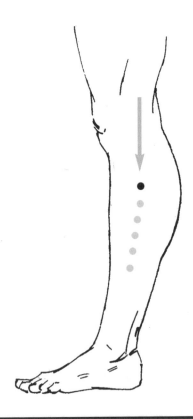

Quinta parte
La práctica

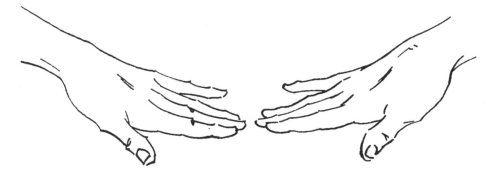

El auto-Shiatsu

Lo hemos repetido muchas veces: el único modo de beneficiarse del Shiatsu es practicarlo regularmente. Una sesión completa necesita una media de noventa minutos. Sin embargo, para empezar, es mejor no pasar de los sesenta minutos, por lo que se aconseja limitarse a tratar tan solo una o dos zonas del cuerpo. Poco a poco se irá adquiriendo la práctica necesaria.

En este capítulo están contenidas las secuencias básicas: por lo tanto, el tratamiento de las distintas partes del cuerpo, que permiten tratar malestares concretos, se basará en la ejecución de todo lo que se explica en esta parte.

Una de las primeras cosas a tener en cuenta y aprender es que hay puntos concretos en el cuerpo particularmente delicados y sensibles al contacto. Los más importantes están en:

- Los hombros.
- La parte superior de los omóplatos.
- Debajo de las axilas.
- La conjunción de los glúteos.
- Los codos.
- El hueco de las rodillas.

Una presión Shiatsu profunda sobre esos puntos provoca una sensación molesta, cuando no de verdadero dolor.

Puesto que se encuentran en unas zonas del cuerpo por donde pasan grandes arterias y haces de nervios, cuando se inflaman se convierten en auténticas barreras que impiden la libre fluidez de la energía; por eso requieren de una atención particular.

Es aconsejable tratar estos puntos con varias presiones sucesivas. Los ejercicios de Shiatsu se pueden practicar sentándose en una silla o en el suelo; quizá es preferible la primera opción, porque permite relajar así las piernas de forma más eficaz.

Por lo tanto, hay que sentarse apoyando los pies en el suelo, de forma que el peso se concentre sobre los glúteos y que la espalda quede recta.

Las instrucciones que se dan empiezan por el lado izquierdo, pero habrá que repetir el proceso también en el lado derecho, indistintamente de cualquiera que sea la zona que se va a tratar.

Si no se indica de otra manera, se deberá ejercer una presión normal de una duración de unos tres segundos cada vez.

Es aconsejable quedarse distendidos al final de la sesión, por lo menos, durante diez minutos.

■ EL CRÁNEO

EJERCICIO 1

Se colocan las manos detrás de la cabeza, concretamente sobre la base del cráneo. Se busca la cavidad que está encima del cuello, palpando con los dedos índice y corazón de las dos manos. Con dichos dedos índice y corazón de las dos manos, se ejerce una presión profunda en el hueco de la nuca. Se mantiene la presión durante tres segundos; después, hay que pararse un instante. Se repite la presión, manteniéndola otros tres segundos. Se hace una breve pausa. Se repite.

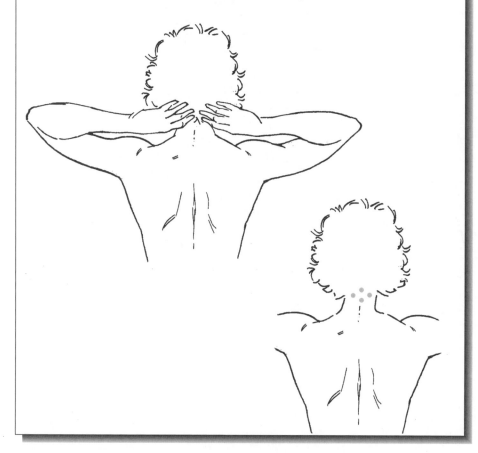

■ LA CABEZA

Imaginemos que el cráneo está dividido en dos partes. En ese caso, se doblan los dedos y se apoyan las puntas de los dedos corazón, muy cerca uno de otro, en el centro de la división. Los dedos índice y anular de las dos manos se posan dos dedos más allá, encima de la misma línea paralela.

EJERCICIO I

Se ejerce una presión moderada y simultánea sobre los tres puntos indicados. Pasados tres segundos, se hace una pausa; después, se desplazan las manos unos dos dedos hacia el exterior, en dirección a los lados de la cabeza. Se ejerce también aquí una presión moderada durante unos tres segundos, después de lo cual se hace una pausa. Se vuelven a desplazar los dedos hacia el exterior unos dos dedos más, hacia los lados de la cabeza. Se repite de nuevo durante unos tres segundos una presión moderada.

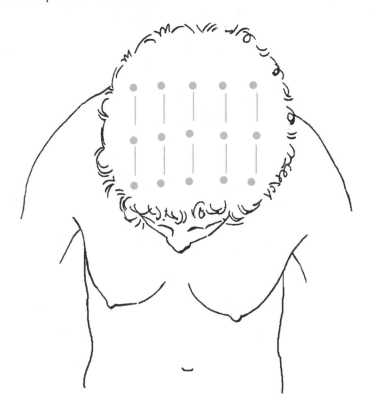

■ **LA FRENTE**

EJERCICIO I

Este ejercicio se hace sentado. Para trabajar sobre estos puntos, hay que proceder hacia fuera; empezando por el centro de la frente, se va hacia las sienes. Los codos tendrán que estar levantados y dirigidos hacia el exterior, de forma que formen un ángulo que va aumentando a medida que se van desplazando los dedos hacia las sienes. Se colocan los índices de las dos manos de forma que se encuentren debajo del nacimiento del pelo. Colocar las puntas de los dedos corazón

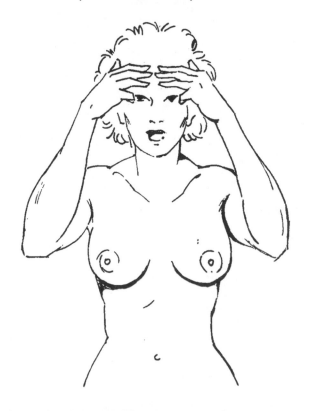

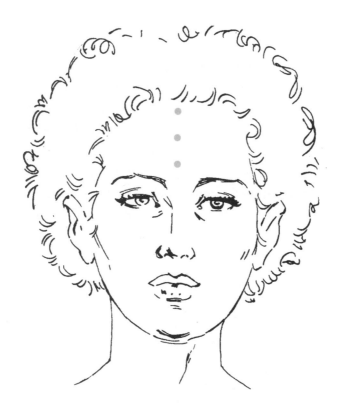

debajo de los dedos índice, apoyándolos sobre ellos. Se ponen los dedos anulares debajo de los dedos corazón, en el entrecejo. En este punto se ejerce una presión moderada simultáneamente con los dedos índice, corazón y anular de ambas manos. Se mantiene la tensión durante tres segundos y después, se hace una pausa. A continuación, se ejerce una presión moderada y simultánea con el índice, el corazón y el anular de ambas manos. Mantener la presión durante tres segundos y, después, se hace la pausa. Repetir dos veces, con tres segundos de duración. Hacia los lados de la cabeza. Se repite de nuevo durante unos tres segundos una presión moderada.

EJERCICIO 2

Hay que desplazar las puntas de los dedos hacia el exterior, sobre la línea que va desde el centro de cualquiera de las cejas hasta el nacimiento del pelo. Aquí se ejerce sobre los tres puntos de esta línea (el de arriba, el central y el de la base) una presión moderada de tres segundos de duración.

Se repite otras dos veces la presión sobre este punto. El ejercicio continúa, desplazándose los dedos hacia la parte externa, sobre la serie de puntos que van desde el nacimiento del cabello hacia el final de las cejas.

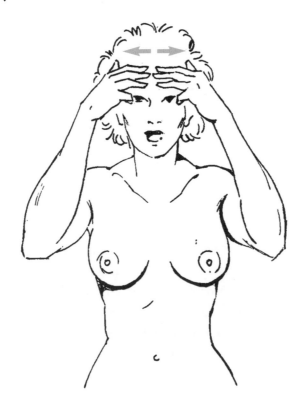

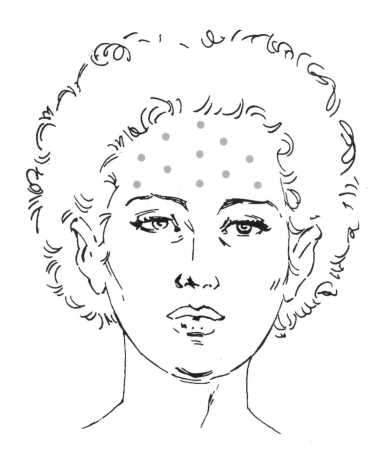

Al llegar a dicho punto, hacer una presión moderada durante tres segundos. Hay que repetir la misma secuencia otras dos veces.

Se coloca el dedo pulgar en la cavidad de la parte superior de la nariz; aquí, se hace una presión profunda, que se mantendrá durante tres segundos.

■ LOS OJOS

Los puntos Shiatsu de los ojos se encuentran a lo largo de los bordes internos de sus órbitas. Los dedos con los que hay que trabajar en la parte de los ojos son el índice, el corazón y el anular de la mano izquierda para los puntos del ojo derecho y, por otra parte, los de la mano derecha para el ojo izquierdo.

EJERCICIO 1

Los dedos deben estar ligeramente estirados; las yemas de los dedos deben estar colocadas en el interior del borde superior de las órbitas. El anular de cada una de las manos debe estar lo más cerca posible de la nariz. Rozando con los dedos levemente los ojos cerrados, presionar las puntas de los dedos hacia arriba, contra el interior del borde de las órbitas. Los dos ojos deben masajearse al mismo tiempo. Si se llevan lentes de contacto, hay que quitarlas antes. Ejercer una leve presión durante tres segundos. Hacer una pausa. Bajar ligeramente los dedos, manteniendo las yemas de los mismos sobre los párpados cerrados. Presionar durante tres segundos; hacer una pausa a continuación. Arqueando ligeramente los dedos, presionar sobre el borde interno de la línea inferior de las órbitas. Se debe ejercer una ligera presión contra el hueso durante tres segundos.

■ LAS SIENES

Los puntos Shiatu de las sienes a presionar están situados en las pequeñas cavidades que hay a los lados de las órbitas.

EJERCICIO I

Se trabaja con el dedo índice y medio de cada una de las manos, presionando al mismo tiempo el lado derecho y el izquierdo. Ejercer una presión moderada de tres segundos sobre estos puntos de partida. Repetir la presión moderada sobre los mismos puntos, manteniéndola otros tres segundos.

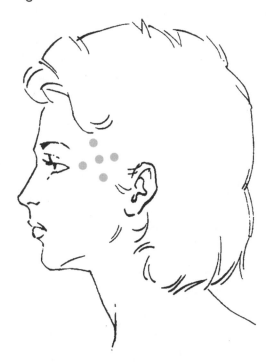

EJERCICIO 2

Hacer una presión moderada de tres segundos de duración sobre el punto de partida, tras de lo cual haremos un movimiento rotativo alrededor de dicho punto. Repetir dos o tres veces.

■ LAS MEJILLAS

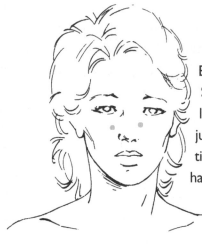

EJERCICIO I

En esta zona del cuerpo, la presión Shiatsu debe ejercerse sobre los pómulos, con los dedos índice y corazón uno junto a otro. Hay que presionar al mismo tiempo el lado derecho y el izquierdo. Se hace una presión moderada, de tres segundos de duración, sobre el borde exterior de la nariz, casi debajo del lateral de la propia nariz.

EJERCICIO 2

Ahora habrá que desplazar a una distancia como de un dedo las manos hacia el exterior y ponerlas encima de la parte plana del pómulo. Aquí se presionará levemente durante tres segundos. Desplazar la mano de nuevo a una distancia de unos dos dedos hacia el exterior, sobre el pómulo. Presionar ligeramente en este punto durante tres segundos. Volver a desplazar, siempre hacia el exterior de la mejilla, a una distancia como de un dedo. Mantener la presión moderada durante otros tres segundos.

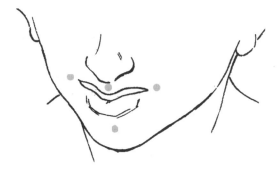

■ LA BOCA Y LA BARBILLA

En el dibujo, podemos ver los cuatro puntos Shiatsu que hay alrededor de la boca.

EJERCICIO I

Para este ejercicio se usa el pulgar derecho. Ejercer una presión moderada de tres segundos de duración sobre el punto central situado entre la punta de la nariz y el labio superior. Después de hacer una pausa, volver a posar el pulgar derecho, pero esta vez sobre el punto situado sobre la mejilla derecha, a dos dedos de la comisura de la boca, hacia la parte de fuera. Se trabaja después la parte izquierda de la cara, ejerciendo una presión ligera durante tres segundos y ejercer una ligera presión contra el hueso durante tres segundos.

EJERCICIO 2

Apoyar la punta del dedo corazón derecho sobre la uña del dedo índice. Ejercer entonces una presión moderada sobre el punto situado en el centro entre el labio inferior y la barbilla.

■ LA PAPADA

Podemos ver en el dibujo de la derecha el punto Shiatsu que hay en la papada.

EJERCICIO 1

Se debe actuar sobre el punto situado detrás de la parte anterior de la mandíbula, a dos dedos de la punta de la barbilla. Hay que hacer por llegar a ella con la yema del pulgar derecho. Sobre dicho punto, aplicar una presión moderada de tres segundos de duración. Repetir la presión otros tres segundos, después de una pausa.

EJERCICIO 2

Tocar con el dedo el punto de la papada; continuar inmediatamente ejerciendo una rpesión moderada en el punto central de la frente.

■ LA GARGANTA Y LA PARTE DELANTERA DEL CUELLO

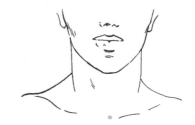

EJERCICIO I

Hay que colocar el dedo corazón de la mano derecha sobre la punta de la uña del dedo índice. Apoyar entonces los dedos sobre el punto situado en la base del cuello, donde se encuentran la clavícula derecha y la izquierda. Aplicar en este punto una presión moderada, de tres segundos de duración. Esta presión debe repetirse otras dos veces, manteniéndola tres segundos cada vez que se efectúe. Después de cada una de las presiones, hay que hacer una pausa de respiración completa.

EJERCICIO 2

Para los puntos del cuello de este ejercicio, los dedos índice y corazón son los adecuados. Hay que actuar sobre los puntos indicados en el dibujo; en cualquier caso, hay que tener esto en cuenta únicamente como regla general, porque lo ideal sería cubrir toda la zona del cuello, haciendo presiones entre ligeras y moderadas. Se deben trabajar los puntos del lado derecho e izquierdo simultáneamente.

EJERCICIO 3

Se colocan bajo la mandíbula, al lado del extremo superior de la tráquea, los dedos índice y corazón de la mano derecha. La mano izquierda repite esta operación en el lado izquierdo del cuello. Ejercer aquí una presión leve durante tres segundos. Hay que presionar sobre el músculo, no sobre la tráquea.

■ PARTE LATERAL DEL CUELLO

EJERCICIO 1

En este momento, hacer descender los dedos y seguir ejerciendo una ligera presión a lo largo de la misma línea, hasta llegar a la base del cuello. Detenerse para hacer una pausa en cada nuevo punto.

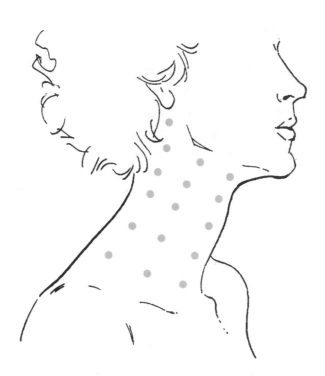

EJERCICIO 2

Volver a llevar las manos por debajo de la mandíbula, ligeramente más lejos que la vez anterior, a lo largo de la línea que va desde la mandíbula para terminar en el lado exterior del cuello. También aquí se ejerce una presión por los dos lados del cuello, que va descendiendo hacia la base. Se sigue el desplazamiento, palpando con los dedos hacia el lado exterior del cuello, hasta el momento en que estén totalmente cubiertas las partes delantera y laterales del cuello.

■ PARTE POSTERIOR DEL CUELLO

EJERCICIO 1

Ejercer una presión moderada, de tres segundos de duración, en la zona central de la parte posterior del cuello. Continuar después un movimiento rotatorio alrededor del mismo. Se repite todo dos o tres veces.

EJERCICIO 2

Llevar los dedos de las dos manos al punto de unión de los músculos laterales del cuello. El dedo índice y el dedo corazón de la mano izquierda se colocan en el punto en el que el músculo izquierdo se une al cráneo. En la parte derecha, se hará lo mismo. Ejercer sobre los dos lados del cuello una presión profunda de tres segundos de duración, después de lo cual, se hará una pausa.

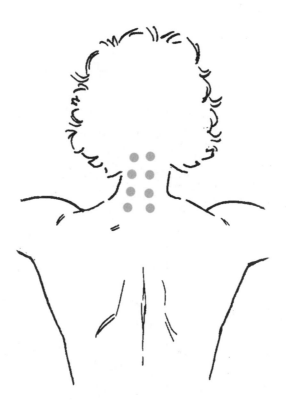

EJERCICIO 3

Colocando los dedos en el centro de los haces de los músculos, se baja un par de centímetros. Se mantiene la presión durante tres segundos y luego se hace una pausa. Se sigue bajando dos centímetros cada vez. En cada una de las paradas, se ejerce una presión de tres segundos, seguida de una pausa. El punto final se encuentra en la base del músculo, en la línea del hombro.

■ LOS HOMBROS

EJERCICIO 1

Sirviéndose de los dedos índice y corazón de la mano izquierda, hay que encontrar el punto situado en la articulación del hombro derecho. Es un punto fundamental en la acumulación de la tensión.

EJERCICIO 2

Hay que explorar la zona de los hombros con todos los dedos. El punto que hay que tocar con los dedos es el que resulta más blando. En este punto, hay que ejercer una presión profunda con los dedos índice y corazón, de tres segundos de duración. Pausa. Se repite la presión de nuevo durante tres segundos, tras de lo cual se vuelve a hacer otra pausa. Se repite de nuevo la presión, siempre durante tres segundos, y también siempre la pausa posterior. En este momento, hay que buscar el punto correspondiente del hombro izquierdo y repetir también en él todos los pasos ya enumerados.

86 ■ Quinta parte

■ LA PARTE ALTA DE LA ESPALDA

EJERCICIO I

Alargar la mano izquierda por encima del hombro derecho, de forma que pueda llegar a tocar la columna con los dedos índice, corazón y anular; enderezar la espalda para poder llegar lo más abajo posible. Desplazar los dedos casi un centímetro hacia la parte de fuera. Los puntos iniciales sobre los que actuar están a lo largo de una línea que sale de esta zona y sube a los hombros.

EJERCICIO 2

Empezando por la posición de partida, aplicar una profunda presión con los dedos índice, corazón y anular de la mano izquierda. Mantener la presión tres minutos y detenerse para hacer una pausa que dure un ciclo respiratorio completo. Cambiar la posición de la mano hacia arriba, hacia el hombro. Repetir la presión durante tres segundos. Pausa. Desplazarse a lo largo de la columna, ejerciendo una profunda presión a intervalos de dos dedos cada vez, a lo largo de la línea descrita antes. El último punto está a la altura del hombro y en línea con él.

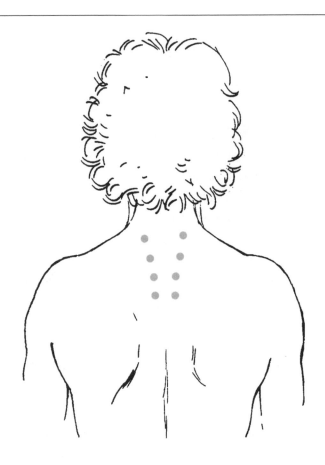

EJERCICIO 3

Alargar nuevamente la mano izquierda a lo largo de la columna, hasta llegar lo más abajo que se pueda. Desplazar la mano de lugar a unos tres dedos de la columna. Aplicar una profunda presión durante tres segundos, haciendo después una pausa que dure un ciclo respiratorio completo. La presión de los dedos, profunda y de tres segundos, debe seguir una línea que se extiende hacia arriba, hacia el hombro, a intervalos de dos dedos una de otra.

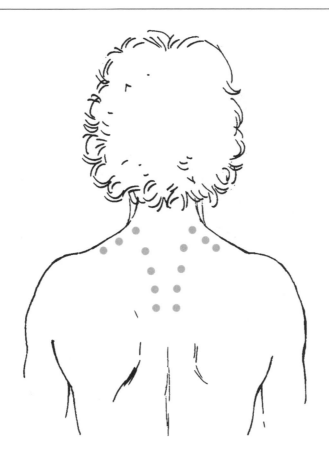

EJERCICIO 4

El punto final está en la línea del hombro: tres dedos hacia fuera respecto de la columna. Convendría tener la precaución, al menos durante los primeros masajes, de tener siempre a mano la figura inicial,
con el mapa de los centros que deben tratarse con los dedos. Llegado este momento hay que cambiar la posición de las manos, llevando
la mano derecha por encima del hombro izquierdo. Debe repetirse
sobre el lado izquierdo de la columna toda la secuencia del ejercicio.

■ LA PARTE BAJA DE LA ESPALDA

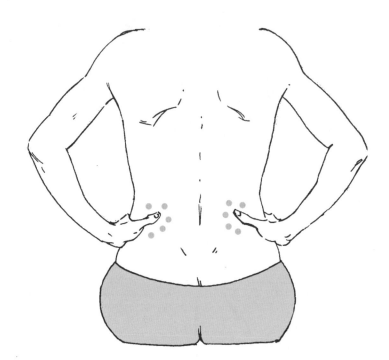

EJERCICIO I

En posición sentada, con el dorso ligeramente doblado hacia delante, apoyar la punta de los dedos sobre los huesos ilíacos. Extender sobre ellos los dedos pulgares a unos tres dedos de distancia de la columna: encima de la cintura. Ejercer con los dedos una presión profunda de tres segundos, haciendo después una pausa que dure un ciclo respiratorio completo. Repetir la presión profunda, manteniéndola durante tres segundos. Hacer una pausa y repetir durante otros tres segundos.

EJERCICIO 2

Ahora, desplazar los dedos pulgares unos tres dedos hacia abajo. Ejercer una presión profunda durante tres segundos y repetir dos veces. Desplazar luego los pulgares unos tres dedos hacia fuera respecto de la columna. Ejercer una presión profunda de tres segundos. Repetir la presión. En este momento, deben llevarse los pulgares a la cintura, a casi seis dedos de distancia de la columna. Ejercer tres presiones profundas de tres segundos cada una.

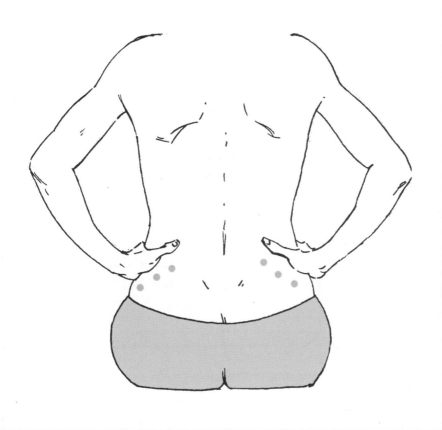

■ LA BASE DE LA COLUMNA VERTEBRAL

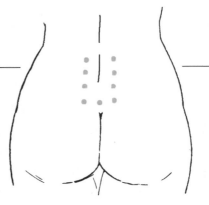

EJERCICIO 1

Para llevar a cabo el Shiatsu sobre el hueso sacro, la posición requerida es en pie. El coxis se encuentra en la base de la columna vertebral. Ejercer en él, con los dedos índice y corazón de las dos manos, una presión moderada, que habrá que mantener durante tres segundos.

EJERCICIO 2

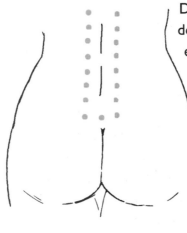

Después, hay que desplazarse a unos dos dedos más allá del hueso para ejercer también en ese punto una presión moderada con las dos manos. Se sigue subiendo a intervalos de dos en dos dedos de distancia cada vez, hasta llegar a la cintura.

■ LA PARTE SUPERIOR DEL BRAZO

EJERCICIO I

Se presiona profundamente, con el pulgar izquierdo, el interior de la axila derecha. Después, se alargan los dedos alrededor de la parte más alta del brazo; en ese punto se presiona con la punta de los dedos índice, corazón y anular

sobre el lado exterior del músculo del brazo. Aplicar la presión simultáneamente con el pulgar y con los demás dedos.

La línea que tienen que recorrer los dedos pulgares sigue la parte interna del músculo, a lo largo del húmero. Los otros dedos deben seguir una línea que se corresponde con la parte externa del músculo y del hueso. Ejercer una profunda presión sobre la axila durante dos segundos. Presionar al mismo tiempo con los dedos sobre la parte externa del hombro. Bajar a una distancia de tres dedos por el brazo, siguiendo la línea del músculo y del hueso. Ejercer una presión profunda con el dedo pulgar y los demás dedos. Seguir bajando a lo largo de esta línea a intervalos de tres dedos hasta llegar al codo. El punto final es, precisamente, esta articulación.

■ EL ANTEBRAZO

EJERCICIO 1

Hacer girar el brazo derecho hacia el exterior. Apoyar el dedo pulgar en la cavidad correspondiente al codo. Extender los dedos alrededor del comienzo del antebrazo y agarrar con fuerza el borde externo del músculo. Aplicar en ese punto una fuerte presión con el pulgar y con los dedos. Mantenerla durante tres segundos, seguidos de una pausa que dure un ciclo respiratorio completo.

EJERCICIO 2

Bajar tres dedos hacia la muñeca. El dedo pulgar se encuentra sobre el borde interno del músculo; los restantes dedos están en la parte externa. Ejercer en este punto una fuerte presión de tres segundos de duración. Hacer una pausa de un ciclo completo de duración. Seguir bajando y ejerciendo una presión constante hasta llegar a la muñeca, descendiendo a intervalos de tres dedos cada vez. Repetir la serie completa de este ejercicio por la parte superior del brazo izquierdo y sobre el antebrazo izquierdo.

■ EL DORSO DE LA MANO

EJERCICIO 1

Al inicio, extender los dedos de la mano derecha, con la palma hacia abajo. Los puntos Shiatsu están en las cavidades que hay entre los tendones y van desde la muñeca hasta el primer nudillo de cada uno de los dedos. Posar el pulgar izquierdo sobre el abultamiento musculoso que hay en su base. El dedo índice izquierdo queda posado bajo el pulgar izquierdo. Ejercer una presión profunda tres segundos. Después, desplazar el pulgar izquierdo al hueco que hay entre el dedo índice y el dedo corazón. Presionar ligeramente, apretando tres segundos. Pausa.

EJERCICIO 2

Desplazar los dedos hacia arriba, a lo largo del hoyuelo; repetir la presión sobre dos puntos. Repetir las presiones en los hoyuelos de los demás dedos. Practicar sobre la mano izquierda, en sentido descendente hacia la muñeca. Todos los dedos deben recibir presión en la punta, en la base y en los lados de cada uno de los huesos, entre las articulaciones.

■ LOS DEDOS DE LA MANO

EJERCICIO I

Oprimir, con los dedos pulgar e índice de la mano izquierda, la parte anterior y la posterior de la primera articulación del pulgar derecho. Ejercer una presión moderada de tres segundos de duración. Desplazarse hacia arriba, llegando a la base de la uña. Ejercer aquí una presión moderada durante tres segundos. La presión se debe ejercer sobre la punta, la base y los lados de cada uno de los huesos y repetirse en cada dedo.

EJERCICIO 2

Agarrar la primera articulación del pulgar derecho por los lados, con el pulgar y el índice de la mano izquierda. Ejercer aquí una presión durante tres segundos. Desplazar los dedos de la mano izquierda a los lados de la uña y repetir la presión en ese punto. Debe repetirse cada uno de los pasos en cada dedo: apretar la primera y la segunda articulación de cada dedo, empezando por la punta y la base; después, por los lados. Repetir la secuencia, invirtiendo los ejercicios de las manos.

■ LA PARTE DELANTERA DEL MUSLO

Los puntos a tratar en las piernas bajan rectos a lo largo de la parte central del muslo: desde la ingle hasta la rodilla.

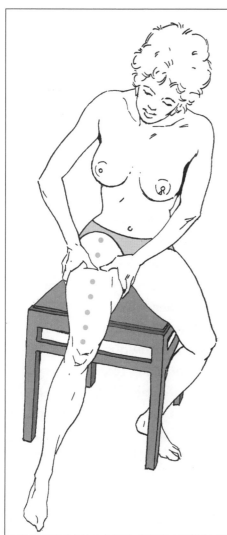

EJERCICIO I

Acercar las puntas de los pulgares y posarlos en el centro, precisamente en el arranque de la pierna. Ejercer una presión profunda durante tres segundos en este punto. Bajar después dos dedos en dirección hacia la rodilla, la posición de los pulgares. Ejercer en ese momento una presión profunda durante tres segundos y hacer una pausa a continuación.

Seguir bajando los dedos pulgares a lo largo de la línea de la pierna, hasta el comienzo de la rótula, a intervalos de dos dedos cada vez. Hacer una pausa después de cada desplazamiento.

■ LA PARTE INTERNA DEL MUSLO

Los puntos Shiatsu a presionar están situados a lo largo de una línea que arranca de la parte interna del muslo, sigue a lo largo de la línea central que empieza en la articulación interna de la pierna y baja hasta el hueco de la rodilla.

EJERCICIO I

Los dos pulgares, próximos, deben apoyarse sobre el punto más alto del muslo. Los dedos de la mano izquierda están abiertos alrededor de la parte posterior de la pierna; en cambio, los dedos de la mano derecha están extendidos sobre la parte superior del muslo. Ejercer una presión profunda, manteniéndola durante tres segundos. Pausa. Desplazar los pulgares dos dedos hacia abajo. Ejercer en ese punto una presión profunda de tres segundos de duración. Pausa. Seguir bajando a una distancia de dos dedos cada vez, hacia la rodilla. Hay que hacer una fuerte presión en cada punto de tres segundos de duración, seguida de una pausa cada una de ellas.

■ LA PARTE INFERIOR DE LA PIERNA

Los puntos Shiatsu a presionar se encuentran en las líneas que van hacia abajo a lo largo de los dos lados de la tibia, el hueso de la pierna. La primera línea sigue el borde frontal externo del hueso; la segunda línea, el borde interno del hueso, desde la rodilla hasta donde empieza el tobillo.

EJERCICIO I

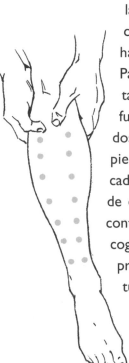

Posar los dos dedos pulgares, puestos próximos entre ellos, por debajo de la protuberancia que hay junto a la rótula, por el exterior de la tibia. Rodear la pierna con los dedos y ejercer a continuación una presión profunda, que habrá que mantener durante tres segundos. Pausa. Bajar la posición de los dedos a una distancia de unos dos dedos y repetir la presión fuerte, que se mantendrá durante tres segundos. Pausa. Seguir descendiendo a lo largo de la pierna a intervalos de dos dedos de distancia cada vez. El punto final está situado sobre el borde externo del hueso, al principio del tobillo. A continuación, volver a llevar arriba los pulgares y coger la pierna entre los dedos para repetir las presiones hasta llegar al principio del tobillo. Naturalmente, se irán desplazando a distancia de dos dedos cada vez, alternando las presiones con pausas que duren un ciclo respiratorio completo.

EJERCICIO 2

Sostener entre las manos la parte posterior de la rodilla, como en el ejercicio anterior. Relajar la parte inferior de la pierna y empezar a mecerla de un lado a otro y de delante hacia atrás.

■ LA PANTORRILLA

Es un ejercicio que se hace en pie. Hay que hacer una ligera flexión hacia delante y agarrar la parte externa e inferior de la pierna. Los pulgares deben estar cerca uno de otro y deberán apoyarse en medio del hoyo de la rodilla. Los puntos, visibles en el dibujo, van desde la parte posterior de la rodilla a la parte posterior del tobillo.

EJERCICIO I

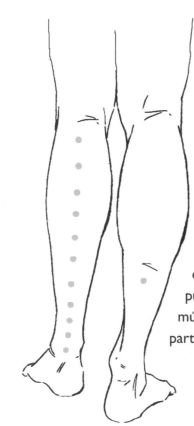

Ejercer una presión profunda con los pulgares próximos en el punto Shiatsu que se corresponde con el arranque del músculo de la pantorrilla. Mantener la presión tres segundos. Una pausa a continuación, con la duración de un ciclo respiratorio completo. Bajar dos dedos el punto de apoyo de los pulgares a lo largo del centro muscular. Repetir la presión profunda. Repetir la pausa. Descender longitudinalmente por el músculo, a distancias de dos dedos de una vez a otra. El punto final de la presión está donde el músculo se aplana y se encuentra con la parte alta del tobillo.

■ LA CORVA

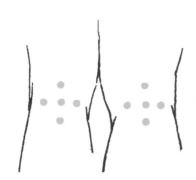

EJERCICIO I

Ejercer una fuerte presión de tres segundos de duración en la zona central del hueco de la corva, detrás de la rodilla. Hecho esto, seguir el movimiento rotatorio alrededor de dicho hueco. Repetirlo tres veces.

■ LOS TOBILLOS

EJERCICIO I

Para trabajar el pie derecho hace falta estar sentados e inclinarse hacia delante. Colocar el pulgar derecho en la parte externa del tobillo, en la cavidad que hay entre la parte posterior del hueso del tobillo y el tendón de Aquiles. Agarrar con los dedos el empeine del pie, posando el pulgar izquierdo en el punto correspondiente a la parte interna del tobillo. En esta posición, aplicar una presión moderada con ambos dedos pulgares durante tres segundos. Repetir la presión de nuevo sobre los mismos puntos. Se hace una nueva pausa para respirar.

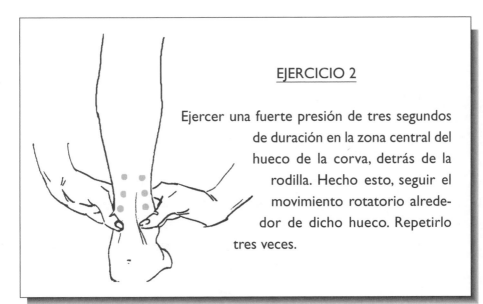

EJERCICIO 2

Ejercer una fuerte presión de tres segundos de duración en la zona central del hueco de la corva, detrás de la rodilla. Hecho esto, seguir el movimiento rotatorio alrededor de dicho hueco. Repetirlo tres veces.

■ LA PLANTA DEL PIE

Se apoya el tobillo derecho sobre la rodilla izquierda (o al contrario, según el pie que se trabaje). Hay cuatro puntos en la planta del pie: los tres primeros están a lo largo de la línea que divide el pie en dos mitades. El cuarto está arriba, en el fondo del arco del pie, ligeramente desplazado hacia delante respecto del primer punto. Estos puntos son fundamentales para disminuir el cansancio y para mejorar la circulación en todo el cuerpo.

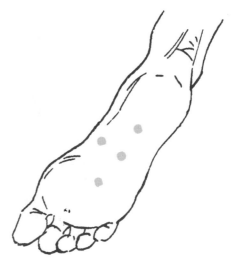

EJERCICIO I

Agarrando el pie con las dos manos, aproximar los dedos pulgares y colocarlos delante de la «almohadilla» del talón. Ejercer una presión profunda en ella durante tres segundos. Hacer una pausa. Bajar hasta el centro del pie. Aplicar aquí una presión profunda de tres segundos. Pausa. El tercer punto está localizado exactamente debajo de la almohadilla del dedo pulgar del pie. Aplicar también en ese punto una presión de tres segundos de duración. Pausa. Desplazar los pulgares, siempre próximos el uno al otro, hasta el punto alto del arco. Aplicar en este punto una presión profunda de tres segundos.

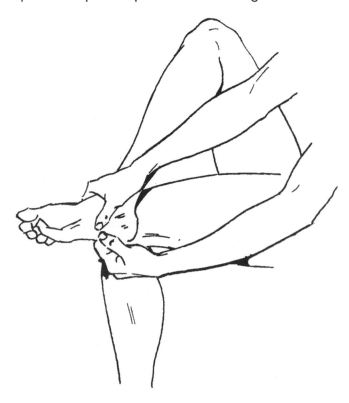

■ LA PUNTA DEL PIE

Los puntos Shiatsu del pie están en los hoyitos que forman los tendones que van a los dedos.

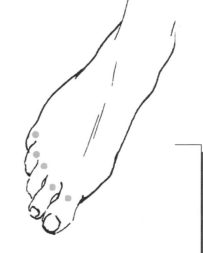

EJERCICIO I

Para los ejercicios siguientes, conviene tener los pies sobre el suelo e inclinarse hacia delante y, a continuación, apoyar los dedos pulgares de las manos, próximos uno de otro, en los hoyuelos que se han citado antes. Desde la posición inicial, aplicar una presión moderada de tres segundos sobre los puntos Shiatsu, con una pausa a continuación.

EJERCICIO 2

Hay que ir hacia delante a lo largo de los hoyitos, a medio camino del recorrido que lleva hasta los dedos. Ejercer en ese punto una presión moderada de tres segundos de duración. Se hace una pausa equivalente a un ciclo respiratorio completo. El tercer punto Shiatsu está al final de los hoyos. Aplicar en dicho punto una presión moderada de tres segundos. Pausa. Repetir el ejercicio en cada uno de los huesos que llevan a los dedos.

■ LOS DEDOS DEL PIE

EJERCICIO 1

Para hacer este ejercicio, hay que apoyar el tobillo derecho sobre la rodilla izquierda (y al revés, para el pie contrario). Los puntos Shiatsu se localizan al principio, al fondo y al lado de cada hueso del dedo, hacia el punto medio entre las articulaciones. Primero se trabajan la parte superior y la inferior, después los lados de cada uno de los huesecillos. Poner el dedo pulgar izquierdo en la primera falange del dedo y el índice justamente debajo de ella. Trabajar este punto con una presión moderada durante tres segundos.

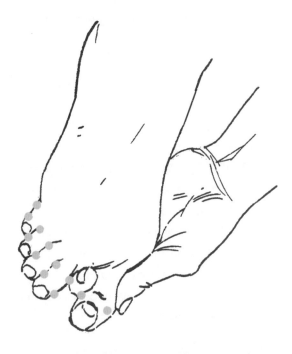

EJERCICIO 2

También con el dedo pulgar de la mano encima de la falange del dedo pulgar del pie y el índice debajo de él, ir bajando la mano hasta la base de la uña. Hacer aquí una presión moderada durante tres segundos. Volver al principio del recorrido; ejercer ahí una presión de tres segundos por ambos lados de la parte media del dedo.

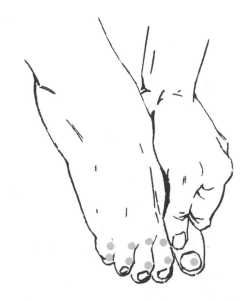

■ PARA TERMINAR

Todavía no ha terminado el tratamiento completo, pero en este momento está permitida una pausa más larga. Los movimientos finales son tan importantes como los ejercicios para conseguir sacar el mayor provecho de la práctica del auto-Shiatsu.

EJERCICIO I

Hay que adoptar la posición de decúbito supino. Levantar los brazos y abrirlos a los lados de la cabeza. Expulsando el aire, separar los brazos y los dedos de los pies lo más posible, quedando en forma de aspa. Contar hasta cinco y relajar para inspirar. Hecho esto, y siempre con los brazos extendidos por encima de la cabeza, apuntar los dedos de los pies hacia arriba. Mantener durante cinco segundos esta posición y relajar después los brazos y los pies. Llenar los pulmones, detenerse durante un momento y luego expeler el aire ruidosamente por la boca. Repetir este ejercicio otras dos veces. A continuación, relajar por completo el cuerpo y quedar tendidos, por lo menos cinco minutos antes de levantarse, para disfrutar de la sensación agradable.

El Shiatsu en pareja

■ RELAJARSE EN COMPAÑÍA

En el tratamiento del Shiatsu se ven profundamente implicados los dos componentes de una pareja.

Quien recibe el tratamiento consigue descanso, bienestar y energía vital.

El que da el masaje recibe a su vez el beneficio que se experimenta al distribuir la energía y procurar al otro bienestar físico y emotivo.

Para seguir el tratamiento completo hace falta una hora de tiempo. También aquí hay que recordar que, a medida que se vaya adquiriendo experiencia, se irá descubriendo el «lenguaje del tacto», que permitirá una comunicación con la pareja a través de la punta de los dedos.

A su vez, la pareja enviará mensajes por medio de pequeños movimientos, con la respiración, con las reacciones musculares.

Cuando se haya ejercido el grado exacto de presión Shiatsu sobre los puntos neurálgicos es posible que la pareja pueda acusar una sensación dolorosa.

No hay que asustarse; hay que seguir, porque una presión adecuada en estos puntos libera el flujo de la energía, relajando las tensiones y acelerando la circulación sanguínea.

Conviene llevar muy poca ropa, para sentirse lo más cómodos posible. Si la habitación está fría, conviene usar una manta ligera para hacer que el compañero se sienta cómodo y para cubrirle, en caso necesario, las partes del cuerpo que se enfríen.

El que recibe el tratamiento debería estar tendido sobre una manta doblada o sobre una cama pequeña, con los brazos extendidos junto al cuerpo, la cabeza apoyada sobre un cojín rígido o sobre una toalla doblada. También puede poner los brazos sobre el cojín y apoyar la cabeza encima.

La última advertencia se refiere al planteamiento de por dónde empezar. Se tratará el cuerpo por completo, es decir, «de la cabeza a los pies», primero se tratará por la parte posterior; después, se trabajará la parte delantera.

Recordemos, además, que primero se debe tratar siempre el lado derecho y después el izquierdo.

■ LA BASE DEL CRÁNEO

EJERCICIO I

El ejercicio hay que hacerlo en pie: la persona que hace el tratamiento se pone a horcajadas por encima de la pareja, mirando hacia su cabeza, con los pies plantados ligeramente por debajo de sus costados.

Doblar las rodillas y con el pulgar izquierdo sobre la punta del derecho, apoyarlo suavemente bajo la base del cráneo, en el centro de la parte más alta del cuello.

Este punto es importante porque estimula la circulación del cerebro. Ejercer una presión profunda sobre este punto, un poco más abajo de la base del cráneo.

Mantener la presión durante tres segundos y hacer después una pausa. Repetir la presión.

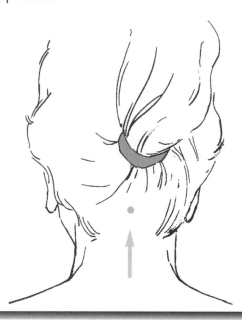

■ DETRÁS DEL CUELLO

EJERCICIO I

La posición es en pie, a horcajadas sobre la pareja. Los pulgares sepa-
rados se posarán al principio del músculo que recorre la parte externa y posterior del cuello. Los puntos situados en esta línea son
muy importantes, porque su presión contribuye a aliviar el dolor de
cabeza y los dolores producidos por la tensión.

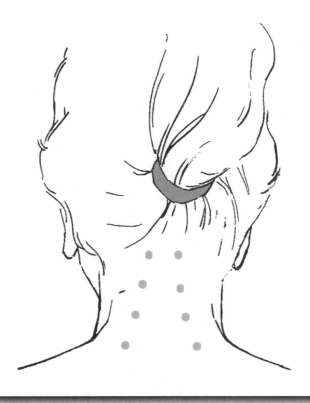

El pulgar izquierdo debe estar colocado al principio del músculo izquierdo, en el punto en que éste se une con la parte posterior del cráneo; el pulgar derecho se colocará al principio del músculo derecho.

Ejercer una presión profunda sobre ambos puntos durante tres segundos.

Descender siguiendo el músculo a una distancia de dos dedos. Mantener apoyados los dos pulgares centrados sobre el haz de los músculos y mantener la presión durante tres segundos.

Hacer una pausa. Bajar a lo largo de los músculos del cuello, ejerciendo una profunda presión a intervalos de dos dedos. El punto final en la línea de los hombros.

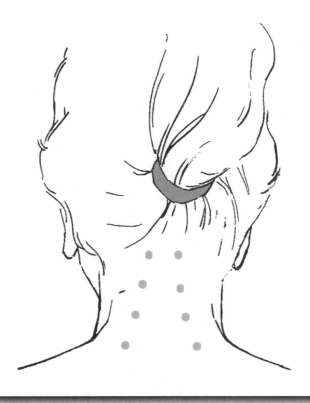

EJERCICIO 2

Colocar los dedos índice detrás de las orejas; ejercer aquí una presión moderada de tres segundos de duración. Después de una pausa, desplazarse dos dedos hacia abajo, siguiendo la línea de puntos que termina en la parte alta de los hombros.

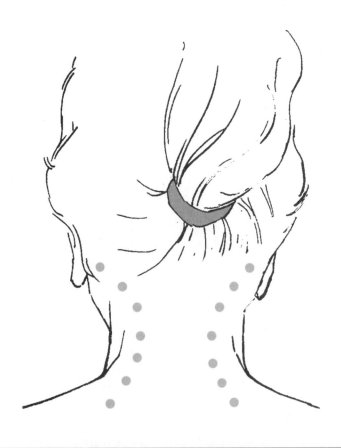

■ LA PARTE ALTA DE LOS HOMBROS

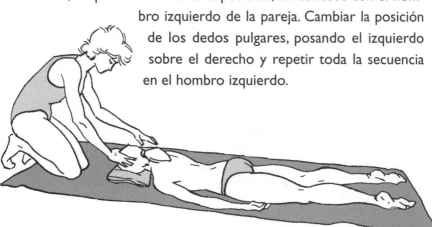

EJERCICIO I

La postura inicial es de rodillas y frente a la pareja, a una distancia de medio metro aproximadamente de su cabeza.

Localizar el punto central posando el pulgar sobre la parte más alta del hombro derecho, a tres o cuatro dedos por la parte externa a partir de la base del cuello. Este es un punto clave, donde suele formarse la tensión, por lo que probablemente oiremos quejarse a la pareja. Posar la punta del pulgar derecho sobre la uña del pulgar izquierdo. A partir de esta posición, ejercer una presión profunda de tres segundos de duración. Repetir la presión otras dos veces. A continuación, desplazar lentamente la posición, alineándose con el hombro izquierdo de la pareja. Cambiar la posición de los dedos pulgares, posando el izquierdo sobre el derecho y repetir toda la secuencia en el hombro izquierdo.

■ LOS PUNTOS POSTERIORES DE LOS HOMBROS

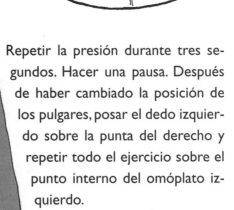

EJERCICIO I

Hay que seguir de rodillas para encontrar el punto externo del omóplato, que está precisamente encima del
hueso. La punta del pulgar derecho
debe apoyarse sobre la uña del pulgar izquierdo. Ejercer una presión profunda
de tres segundos. Pausa. Aconsejar a la
pareja que inspire profundamente y
que exhale el aire lentamente.

Repetir la presión durante tres segundos. Hacer una pausa. Después
de haber cambiado la posición de
los pulgares, posar el dedo izquierdo sobre la punta del derecho y
repetir todo el ejercicio sobre el
punto interno del omóplato izquierdo.

■ LOS OMÓPLATOS

EJERCICIO 1

El que hace el tratamiento puede elegir postura: en pie, de rodillas o apoyado en las pantorrillas; lo importante es estar a horcajadas sobre la pareja.

Localizar la zona que se hunde en el centro del omóplato derecho. Este es un punto importante en el tratamiento de los dolores causados por inflamaciones de bolsas serosas, codo de tenista, tortícolis e inflamación de los hombros.

Deben apoyarse los pulgares próximos uno de otro sobre el punto que acabamos de localizar. Ejercer sobre él una presión profunda de tres segundos de duración. Repetir la presión. Después, la pausa. Las mismas presiones deben ejercerse sobre el punto central del omóplato izquierdo.

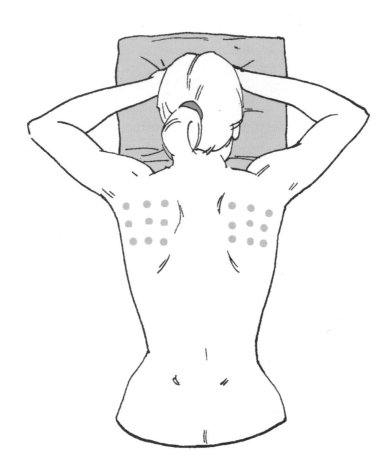

EJERCICIO 2

De rodillas y a horcajadas sobre la pareja; apoyar el índice, el dedo corazón y el anular al comienzo de los omóplatos; bajar ejerciendo una presión fuerte. Repetir cinco veces.

■ LA COLUMNA VERTEBRAL

EJERCICIO I

En esta fase del
tratamiento, la pareja
puede hacer descansar la
cabeza. Siempre a horcajadas,
practicar el Shiatsu a lo largo de
toda la columna vertebral.

Debe ejercerse la presión con
los brazos bien tensos, para que se
transmita a la pareja el peso de la
parte superior del cuerpo a través de los pulgares.

Se empieza por la base del
cuello, un poco más abajo de la
línea del hombro. La columna
vertebral es el meridiano principal y es
de extrema importancia para el bienestar físico. El pulgar derecho
debe apoyarse en la cavidad situada donde empieza la columna vertebral.

En ese punto debe ejercerse una presión moderada de tres segundos de duración y hacer una pausa a continuación.

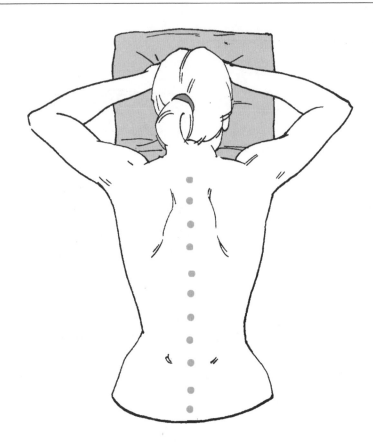

EJERCICIO 2

Ahora, hay que descender por la columna vertebral, para apoyar el pulgar izquierdo en el hueco siguiente. También en ella se ejerce una presión de tres segundos de duración, seguida de una pausa.

En lo sucesivo, alternando el pulgar derecho y el izquierdo, seguir los puntos entrantes que hay a lo largo de la columna vertebral, hasta llegar al hueso sacro. En cada uno de dichos puntos se ejercerá una presión moderada.

■ LOS LADOS DE LA COLUMNA VERTEBRAL

EJERCICIO I

Hay que colocarse en los hombros de la pareja. El pulgar derecho se apoya sobre el punto del hombro, a dos centímetros y medio a la izquierda de la columna vertebral; en cambio, por su parte, el pulgar derecho se apoya dos centímetros y medio a la derecha.

A partir de esta posición, presionar moderadamente con ambos pulgares durante tres segundos.

Bajar con ambos pulgares, cada vez a dos dedos de distancia, repitiendo la presión anterior. Seguir bajando a intervalos de dos dedos, hasta llegar a la altura de la base de la columna vertebral. Volver entonces a los hombros y apoyar cada uno de los pulgares dos centímetros y medio hacia fuera, esto es, hacia los lados de la columna vertebral. Repetir el ejercicio anterior, ejerciendo una presión moderada hasta llegar al punto que está en línea con la base de la columna vertebral.

■ LAS NALGAS

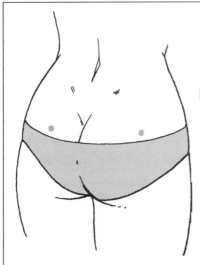

EJERCICIO 1

Para trabajar los puntos de las nalgas, hay que arrodillarse junto al costado derecho de la pareja y localizar el punto representado en la figura. Apoyar los pulgares, muy próximos uno a otro, sobre dicho punto y ejercer una profunda presión durante tres segundos. Repetir la presión otra vez en el mismo punto. A continuación ir al lado izquierdo de la pareja y hacer la misma presión profunda en el centro de la nalga izquierda.

EJERCICIO 2

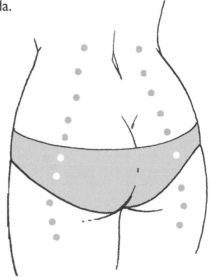

La postura es de rodillas y a horcajadas sobre la pareja. Se apoyan los dedos índice, corazón y anular sobre el punto que se encuentra al empezar las vértebras lumbares; ir bajando, con una fuerte presión, hasta más abajo de las nalgas. Repetir tres veces.

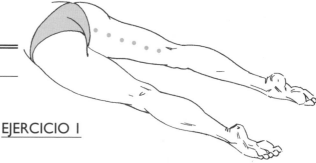

■ LA PARTE SUPERIOR DE LA PIERNA

EJERCICIO I

De rodillas junto a la pierna de la pareja, localizar los puntos de la parte posterior del muslo; siguen una línea que parte del punto de encuentro de la nalga con el principio de la pierna, para llegar justamente hasta la corva. El punto que se encuentra hacia la mitad de esta línea, entre el muslo y la corva, es el más importante y sensible de la parte superior de la pierna.

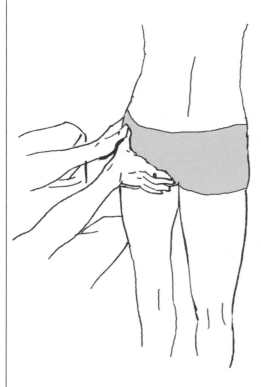

Se apoyan los pulgares unidos sobre el punto que está exactamente debajo de la nalga. Hacer ahí una presión profunda de tres segundos de duración. Hacer una pausa. Ahora, desplazar los pulgares a una distancia de dos dedos hacia la rodilla. Repetir aquí la presión profunda. Hacer otra pausa. Seguir bajando a distancia de dos dedos hacia la corva. El punto final está justamente encima de la corva.

■ LA PARTE EXTERNA DEL MUSLO

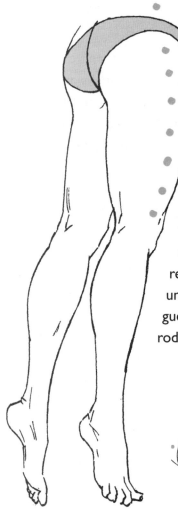

EJERCICIO I

Los puntos externos del muslo se encuentran a lo largo de una línea que arranca de la cadera y sigue por el centro del lateral del muslo. Se trabaja bajando hacia el lado de la rodilla. Hacer una presión profunda de tres segundos de duración, con los pulgares muy próximos. Hacer una pausa. Desplazar los pulgares a una distancia de unos dos dedos, en dirección a la rodilla; repetir en este punto una presión del tipo de la anterior. Se sigue bajando, a intervalos regulares, hasta la rodilla.

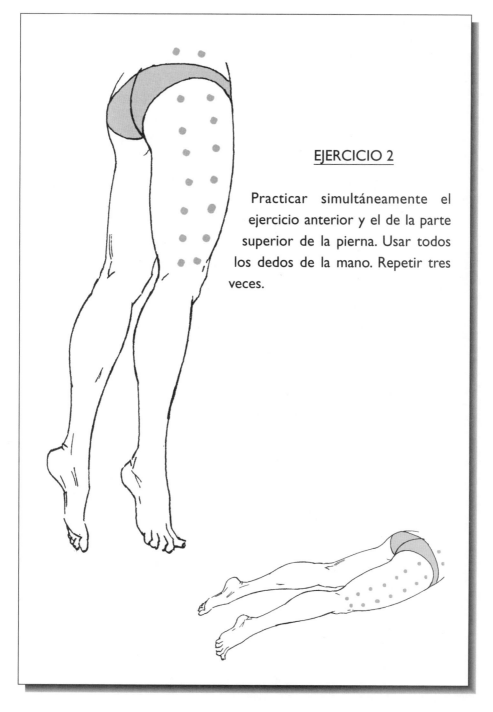

EJERCICIO 2

Practicar simultáneamente el ejercicio anterior y el de la parte superior de la pierna. Usar todos los dedos de la mano. Repetir tres veces.

■ LA PARTE INTERNA DEL MUSLO

EJERCICIO I

Para practicar el Shiatsu en la parte interna del muslo derecho, hay que desplazarse al lado izquierdo de la pareja. Apoyar los pulgares próximos en el punto más alto de la línea de la pierna y ejercer ahí una presión profunda de tres segundos de duración. Hacer una pausa. Bajar ahora la colocación de las manos dos dedos hacia la rodilla, siguiendo el músculo. Repetir la presión y hacer después una pausa. Repetir la presión, desplazándose a intervalos de dos dedos cada vez, a lo largo de la línea hasta llegar a la rodilla. El punto final se encuentra en la cavidad que está en el punto medio que hay entre el hueso de la rodilla y los tendones de la parte posterior de la propia rodilla.

EJERCICIO 2

Hacer al mismo tiempo el ejercicio de la parte superior de la pierna, tanto el de la parte externa como el de la parte interna. Usar para este ejercicio todos los dedos de la mano. Repetirlo tres veces.

■ LA PANTORRILLA

EJERCICIO I

La colocación para este ejercicio consiste en ponerse detrás del pie derecho de la pareja. El punto a manipular está donde empieza la pantorrilla, es decir, un poco más abajo de la corva.

Este es uno de los puntos más importantes del cuerpo, porque toda la tensión de los músculos de las piernas se concentra en él. Se apoyan los pulgares juntos al principio de la línea que baja hacia la parte posterior del tobillo.

Hacer una presión profunda, con los pulgares juntos, en el punto localizado en el arranque del músculo. Mantenerla durante tres segundos.

Posteriormente, hacer una breve pausa. Ir bajando poco a poco a lo largo del músculo, por el centro, a distancias de dos dedos cada vez, repitiendo la presión y también la pausa.

Seguir bajando a lo largo del músculo a una distancia de dos dedos entre una presión y otra.

El punto de presión final está donde se aplana el músculo, esto es, hacia la parte externa, al principio del tobillo.

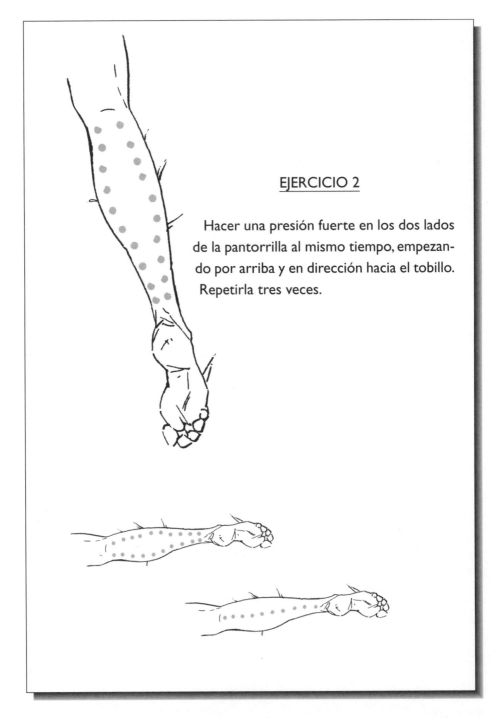

EJERCICIO 2

Hacer una presión fuerte en los dos lados de la pantorrilla al mismo tiempo, empezando por arriba y en dirección hacia el tobillo. Repetirla tres veces.

■ LOS TOBILLOS

EJERCICIO 1

Colocarse junto al lado derecho de la pareja.

Hay que apoyar el pulgar derecho sobre el tendón de Aquiles, mientras que, por el contrario, el pulgar izquierdo se coloca sobre el punto correspondiente a la parte externa del tobillo.

Hacer aquí una presión moderada durante tres segundos, utilizando los dos pulgares.

Hacer una pausa. Repetir la presión durante tres segundos. Hacer una pausa.

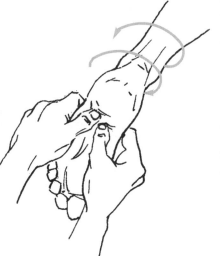

EJERCICIO 2

Tomar entre las manos el pie y hacer girar suavemente el tobillo, en un principio en el sentido de las agujas del reloj y, después, en sentido contrario.

■ LA PARTE SUPERIOR DE LA CABEZA

Ahora vamos a empezar a tratar la parte delantera de la pareja. La posición es de rodillas, detrás de la pareja. Hay que llegar, sin ningún tipo de esfuerzo, a la parte superior de su cabeza.

EJERCICIO I

La zona a tratar del masaje Shiatsu empieza por el nacimiento del cabello y está encerrada en los límites del propio cabello. Deben apoyarse los pulgares juntos en el punto medio del nacimiento del pelo.

Aquí se ejerce una presión moderada de tres segundos. Se hace una pausa, después de lo cual se mueven los pulgares un par de centímetros hacia atrás, a lo largo de una línea imaginaria que dividiría los cabellos en dos mitades.

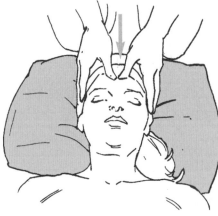

Presionar moderadamente durante tres segundos. Hacer una pausa. Seguir desplazando los pulgares hacia atrás, a intervalos de dos dedos, hasta llegar a la parte más alta de la cabeza.

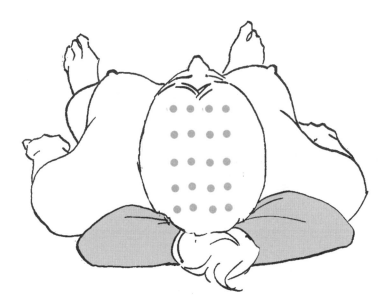

EJERCICIO 2

Partiendo del punto más alto de la cabeza, hacer una presión moderada de tres segundos en cada uno de los puntos.

Volver a llevar las manos al centro del nacimiento del pelo. Separar las manos, desplazando el pulgar derecho hacia la parte externa a un tercio aproximadamente del lado derecho de la cabeza y el pulgar izquierdo a un tercio del lado izquierdo de la cabeza.

Apoyar los pulgares en estos puntos del nacimiento del pelo. Presionar moderadamente durante tres segundos. Desplazando hacia atrás los pulgares, a una distancia de unos dos dedos, hacia la parte alta de la cabeza, recorrer toda la zona de la misma. Se deben tocar los puntos de ambas mitades de la cabeza al mismo tiempo.

EJERCICIO 3

Después de haber tratado toda la zona, volver a llevar las manos a la posición inicial y, presionando desde ese punto, ir trabajando hacia abajo.

■ LA FRENTE

De rodillas, detrás de la cabeza de la pareja, inclinarse hacia delante y apoyar los pulgares juntos sobre el punto central del nacimiento del pelo. Estos puntos Shiatsu se encuentran a lo largo de cinco líneas que subdividen verticalmente la frente. La primera línea empieza en el centro del nacimiento del pelo. El segundo par de líneas sale desde el nacimiento del pelo y termina hacia la parte central de las cejas. El último par llega a la parte externa de las cejas.

EJERCICIO 1

Presionar moderadamente a lo largo de la línea central durante tres segundos. Hacer una pausa.

A continuación, llevar los pulgares hacia abajo, a una distancia de dos dedos, y presionar moderadamente durante tres segundos. Intercalando las correspondientes pausas, seguir bajando hasta llegar al punto situado en el centro del entrecejo.

Después de esto, volver a empezar por la parte alta para recorrer las tres filas de líneas.

EJERCICIO 2

Volver al nacimiento del pelo. Separar aquí los pulgares y colocar el derecho en línea con la zona central de la ceja derecha y el pulgar izquierdo en línea con la parte media de la ceja izquierda.

Hacer una presión moderada en estos puntos durante tres segundos. Hacer una pausa.

EJERCICIO 3

Volver a empezar desde la parte de arriba de la cabeza, para recorrer las cinco filas de líneas. Seguir bajando, manteniendo una presión moderada.

Repetir tres veces el conjunto de los ejercicios.

EJERCICIO 4

Después de haber relajado toda la frente, hay que concentrarse sobre el punto central del entrecejo, donde hay que mantener una presión durante unos diez segundos.

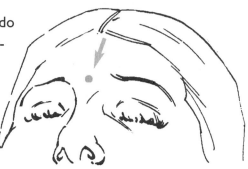

■ LOS OJOS

EJERCICIO I

Hay que colocar los dos dedos índices sobre el ángulo superior de las órbitas, lo más cerca posible de la nariz. Se ejerce aquí una ligera presión, directamente sobre el extremo interno del hueso de las órbitas, durante tres segundos. Se hace una pausa. Se repite la presión ligera otros tres segundos. Hay que tener cuidado de que las yemas de los dedos estén exactamente sobre el borde interior de las órbitas. Se hace una pausa

EJERCICIO 2

Los puntos superiores de alrededor de los ojos están a lo largo del borde interno de las órbitas.

Utilizar los dedos índice de cada mano y presionar sobre los puntos del ojo derecho y del ojo izquierdo al mismo tiempo.

Si la pareja lleva lentes de contacto, tiene que quitárselas.

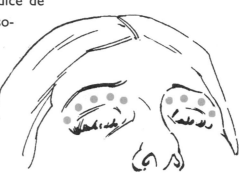

EJERCICIO 3

Ahora hay que inclinarse hacia delante y apoyar las yemas del índice y del dedo corazón de ambas manos sobre los párpados cerrados de la pareja; presionar ligerísimamente, manteniendo la presión durante tres segundos.

Desplazarse y presionar los puntos a lo largo de la línea que lleva hacia la parte externa de los párpados.

EJERCICIO 4

Llegado este momento, hay que cambiar de postura, para poder trabajar el borde inferior de las órbitas. Por lo tanto, hay que ponerse de rodillas junto a la cintura de la pareja. Presionar ligera y directamente sobre el borde interno del hueso durante tres segundos. Hacer una pausa. A continuación, se desplaza la posición de los dedos a una distancia de un dedo hacia la parte externa, a lo largo del borde inferior de las órbitas. Repetir estas ligeras presiones durante tres segundos. Seguir hasta llegar al borde externo de las órbitas.

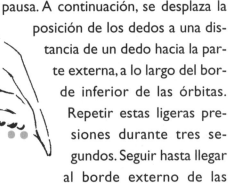

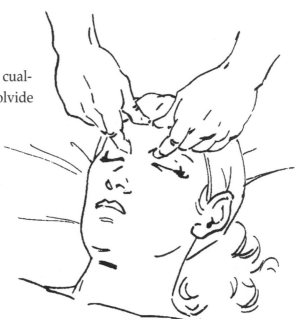

Antes de comenzar a realizar cualquier ejercicio con los ojos, no olvide que hay que colocar los dos dedos índices sobre el ángulo superior de las órbitas.

EJERCICIO 5

Para que se relaje por completo toda la cara de nuestra pareja, tendremos que frotarnos las manos y posarlas, templadas, sobre los ojos y las zonas que los rodean.

■ LAS SIENES

EJERCICIO 1

Para hacer el masaje en esta
zona, hay que ponerse detrás de la cabeza de la pareja. Hay que trabajar al mismo tiempo los dos lados, utilizando las
puntas de los dos dedos corazón puestos
encima de los dedos índice. Localizar las
pequeñas cavidades que hay a los lados de
las sienes. Presionar en ellas moderadamente,
en ambas sienes a la vez. Mantener la presión
durante tres segundos, seguidos de una pausa y repetir
después.

EJERCICIO 2

Apoyar los pulgares sobre las
sienes, apoyando los dedos corazón en
el entrecejo y los anulares en el hueco
próximo a los lagrimales, junto a la nariz. Colocar los dedos exactamente y
empezar a presionar fuertemente sobre
todos estos puntos.

■ LAS MEJILLAS

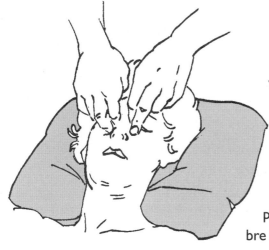

EJERCICIO 1

Volver a ponerse detrás de la cabeza de la pareja. Desde ahí ejercer, con las dos manos, la presión sobre los puntos de los pómulos, apoyando la punta del dedo corazón sobre la uña del dedo índice.

EJERCICIO 2

Hay que presionar moderadamente sobre los bordes externos de la nariz, un poco por debajo de los lados de la misma. También aquí se trabajan al mismo tiempo el lado derecho y el izquierdo.

Mantener la presión durante tres segundos. Hacer una pausa.

Después, desplazar los dedos hacia fuera, hacia los lados de la cara y presionar sobre los pómulos.

■ LA BOCA Y LA BARBILLA

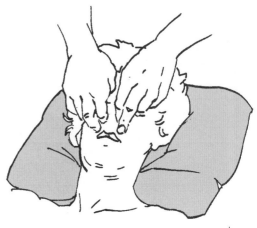

EJERCICIO I

Hay cuatro puntos que se encuentran en la boca; el primero está situado entre la base de la nariz y el labio superior. El par de puntos de los lados de la boca se encuentra exactamente a tres dedos de distancia de los lados. El último está situado en el hoyito de la barbilla. Se empieza presionando moderadamente los tres puntos de arriba, utilizando el pulgar derecho.

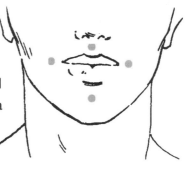

EJERCICIO 2

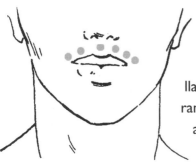

Apoyar los dos pulgares en el punto medio situado entre el labio inferior y la punta de la barbilla. Ejercer una presión moderada durante tres segundos. Ir bajando poco a poco hacia los ángulos de la boca, mientras a la par se va disminuyendo la presión.

■ LA PAPADA

EJERCICIO I

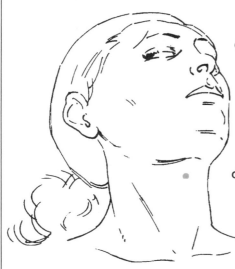

Colocándose al lado derecho de la pareja, poner la mano debajo de la barbilla, a dos dedos de distancia de su extremo.

La yema del dedo corazón se apoya en la cavidad que hay detrás del hueso.

Se ejerce ahí una presión moderada de tres segundos de duración. Tras una pausa, se repite de nuevo la presión.

EJERCICIO 2

Ahora tomar entre las manos la nuca de la pareja, levantándola ligeramente y haciéndola girar tanto en el sentido de las agujas del reloj como en el sentido opuesto.

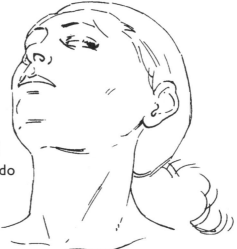

■ EL CUELLO

De rodillas junto al lado derecho de la pareja, hay que colocarse de forma que se pueda llegar hasta el cuello, sin tener que extender los brazos. La finalidad es cubrir la zona del cuello, desde debajo del maxilar y trabajando hasta llegar a la base del cuello. Se utilizan los dedos índice y corazón de las dos manos, alternando mano derecha e izquierda.

EJERCICIO I

Ejercer una discreta presión sobre el punto central del músculo lateral del cuello.

EJERCICIO 2

Hay que colocar los dedos índice y corazón de la mano derecha junto a la tráquea, debajo del maxilar. Aquí habrá que hacer una presión ligera de dos segundos de duración.

Hay que tener cuidado de no presionar directamente sobre la tráquea, sino sobre el músculo. A continuación, posar el índice y el dedo corazón de la mano izquierda precisamente justo debajo del punto que acabamos de presionar con la mano derecha. Aquí se repite una ligera presión. Alternando las manos para ejercer una presión ligera, ir bajando a lo largo del lado de la tráquea hasta llegar a la base del cuello.

EJERCICIO 3

Ahora, hay que cambiar la posición de las manos, llevándolas hasta debajo del maxilar.

A partir de ahí se repiten las presiones, bajando a lo largo de una línea que termina en la base del cuello y alternando las manos.

Además, hay que seguir presionando desde arriba hasta la base del cuello, hasta cubrir la parte delantera y los lados del cuello.

Hay que mantener todas las presiones durante tres segundos. Desplazarse al lado izquierdo de la pareja y repetir los ejercicios en el lado izquierdo del cuello.

EJERCICIO 4

Ejercer una presión intensa y prolongada en el punto que hay debajo de la oreja. Mantener la presión durante diez segundos; repetirla tres veces.

■ LA PARTE ALTA DEL BRAZO

EJERCICIO 1

La posición es de rodillas, a unos treinta centímetros de la pareja. Con los pulgares próximos uno a otro, éstos se apoyan en la parte externa del músculo del brazo, en el punto situado a cerca de un centímetro por debajo de la parte alta del hombro.

Además de esto, hay que apretar levemente el brazo con los dedos de las dos manos. Presionar en ese punto profundamente durante tres segundos con los dedos pulgares y hacer una pausa a continuación.

145 ■ La práctica

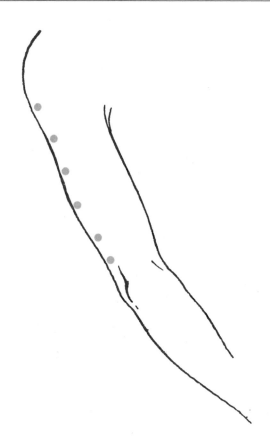

EJERCICIO 2

Ahora hay que desplazar los pulgares unos dos dedos a lo largo de una línea que, saliendo desde el centro de la articulación del hombro, llega hasta el codo.

Se repite la presión. Se hace una pausa. Se va repitiendo la presión hacia abajo, cada dos dedos, hasta llegar al codo.

■ LA PARTE ALTA E INTERNA DEL BRAZO

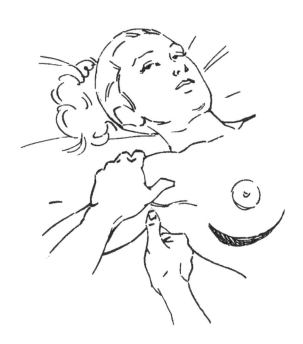

EJERCICIO I

De rodillas, de manera que pueda trabajarse cómodamente la parte superior del brazo derecho. El brazo de la pareja debe estar separado del cuerpo y girado ligeramente hacia dentro. La línea a seguir empieza en la cavidad de la axila, se lleva a lo largo del músculo y termina en el hueco de la parte interna del codo.

EJERCICIO 2

Tomar con la mano izquierda el ángulo del hombro derecho de la pareja. El pulgar derecho se apoya en el fondo de la axila. Se ejerce en ella una presión profunda de dos segundos de duración. Hay que tener cuidado aquí, porque este es un punto delicado. Llevar los pulgares al principio de la parte interna del músculo. Los demás dedos deben apretar levemente el brazo. La presión, que tiene que ser profunda y durar tres segundos, debe hacerse con los pulgares próximos.

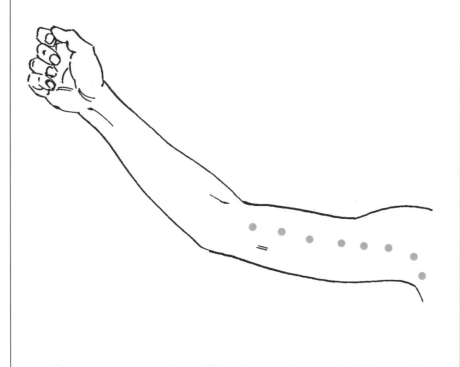

■ EL ANTEBRAZO

EJERCICIO 1

Los puntos del antebrazo se encuentran a lo largo de una línea que arranca desde el centro externo del codo y termina justo en medio de la muñeca.

Deben apoyarse los pulgares, uno junto a otro, en el exterior de la articulación del codo.

Ejercer una presión profunda de tres segundos de duración en el punto indicado de la zona del codo. Hacer una pausa.

Repetir la presión, descendiendo a distancias de dos dedos, a lo largo de la línea. El punto final es el central de la parte de arriba de la muñeca. Cada presión debe durar tres segundos.

EJERCICIO 2

Hacer una presión fuerte y al mismo tiempo sobre los dos lados del antebrazo; se empieza por arriba y se va bajando hacia la muñeca. Se repite tres veces todo el recorrido.

■ EL ANTEBRAZO INTERNO

Los puntos internos del antebrazo están situados a lo largo
de una línea que, partiendo del
centro del codo, baja directamente hasta el centro de la muñeca,
recorriendo la parte central interna del brazo.

EJERCICIO I

Apoyar los pulgares próximos entre sí en el centro de la
articulación interna del codo. Agarrar también ligeramente la articulación. Imprimir, con ambos pulgares,
una presión profunda en ese punto de la articulación interna del codo. Hay que tener cuidado, porque se trata de un punto delicado.
A partir de ese momento, ir descendiendo, a una distancia de dos
dedos cada vez, a lo largo de
la línea que divide en dos el
interior del antebrazo. Hacer
una presión fuerte de tres segundos de duración en cada punto,
con intervalos de momentos de
pausa. El final del recorrido está en
la muñeca.

■ LA PALMA DE LA MANO

Debe distribuirse la presión por tres puntos concretos que están situados en cada una de las palmas de las manos. El primero se encuentra en el centro del músculo que rige la articulación de la mano; el segundo se encuentra debajo del músculo, en el punto más hondo de la palma; el tercero, en cambio, está en el centro de la mano. La presión sobre estos puntos ayuda a mejorar la circulación y a aliviar el cansancio.

EJERCICIO I

La palma de la mano de la pareja estará vuelta hacia arriba. Nuestro dedo meñique debe colocarse entre el meñique y el anular de la pareja. El meñique izquierdo debe estar, en cambio, colocado entre el pulgar y el índice de la pareja. Actuando con ambos pulgares próximos entre ellos, ejercer una presión profunda en la parte central del músculo. Se repetirá la presión durante tres segundos cada una, sobre cada una de las restantes articulaciones de la palma. Hecho esto, hay que desplazarse a la izquierda de la pareja y actuar sobre el brazo izquierdo. Repítanse los pasos para la parte derecha.

■ EL DORSO DE LA MANO

EJERCICIO I

Los puntos Shiatsu que hay que tocar se encuentran en los hoyuelos que hay entre los tendones, a lo largo de una línea que, saliendo de la muñeca, termina en los nudillos de cada uno de los dedos. Hay que apoyar el pulgar derecho sobre el dorso de la mano de la pareja, en la protuberancia que está debajo de la cavidad en la que el pulgar se une a la mano. El índice derecho debe apoyarse sobre la palma, en el punto correspondiente al que se está tocando. Apretar el punto durante tres segundos, con una presión profunda.

EJERCICIO 2

Desplazar el pulgar al hoyito que hay entre el índice y el dedo corazón de la pareja. Se desplaza también, por lo tanto, el índice. Presionar aquí moderadamente, apretando durante tres segundos. Hacer una pausa. Bajar ahora a lo largo de la parte deprimida, repitiendo la presión también en los dos puntos restantes. Acabar al llegar a los nudillos. Habrá que repetir los ejercicios en los huecos que hay entre los tendones del dedo medio y el anular; y, de nuevo, en el hueco que hay entre el anular y el meñique.

■ LOS DEDOS DE LA MANO

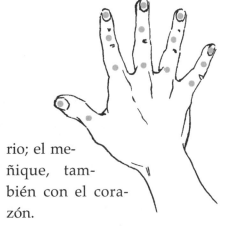

El Shiatsu de los dedos es fundamental para mantener la salud de todos los órganos.

Esto se debe a que, según la Medicina oriental, el pulgar guarda relación con la función de los pulmones; el dedo índice, con el intestino grueso; el dedo medio o corazón, con el corazón; el anular, con el sistema respiratorio, el digestivo y el circulatorio; el meñique, también con el corazón.

Los dedos deben recibir la presión en la punta, sobre la base y sobre los lados de cada falange del dedo.

EJERCICIO I

Se empieza tratando el pulgar derecho. Apoyar el pulgar en el punto central situado en el centro entre la primera falange y la articulación.

Debajo, debe colocarse el índice, en el punto opuesto y correspondiente al mismo pulgar.

Presionar moderadamente durante tres segundos.

EJERCICIO 2

Ir hacia la punta del pulgar, exactamente en la base de la uña. Presionar aquí moderadamente, apretando durante tres segundos.

Hecho esto, se vuelve hacia la primera falange; se presiona en ella moderadamente, apretando al mismo tiempo los dos lados
del pulgar, en el punto situado en el centro del
hueso.

EJERCICIO 3

Se repite de nuevo la presión a los lados de la uña del pulgar y, naturalmente, sobre cada uno de los dedos de nuestra pareja.

Trabajar primero a lo largo de la punta y el dorso del dedo y pasar a continuación a
los lados.

■ LA PARTE SUPERIOR DE LA PIERNA

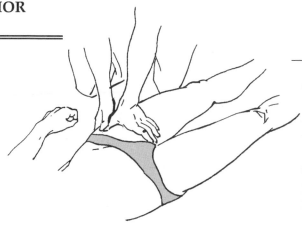

EJERCICIO I

Ponerse de rodillas. Los puntos Shiatsu de la parte anterior y posterior de la pierna corren a lo largo del centro del músculo, bajando a lo largo de la articulación de la cadera, y llegan hasta el punto situado exactamente encima de la parte central de la rodilla. Posar ambos pulgares en el centro de la articulación de la pierna. Agarrar ligeramente con los dedos el músculo. Ejercer una presión profunda durante tres segundos y hacer una pausa. Desplazar los pulgares a una distancia de dos dedos hacia la rodilla. Hacer una presión profunda de tres segundos de duración.

Hacer una pausa. Seguir hasta el punto que está exactamente encima de la rodilla, haciendo una presión profunda a intervalos de dos dedos.

■ LA PARTE INFERIOR DE LA PIERNA

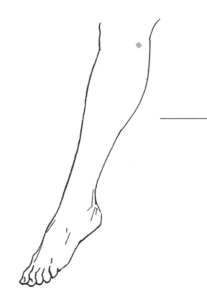

EJERCICIO I

Sigamos de rodillas. Se pondrán ambos pulgares apoyados sobre el lado externo del extremo superior de la tibia, que se encuentran en la línea del músculo, exactamente debajo de la rótula.

Extender los dedos sobre la pierna y agarrar el otro lado de la tibia de forma que se pueda apretar entre el pulgar y los otros dedos. Hacer una presión profunda, empezando por la parte alta del hueso. Apretar con los pulgares y con los demás dedos de las dos manos. Bajar tres dedos hacia el tobillo.

Repetir la presión con el pulgar y los otros dedos durante tres segundos. Hacer una pausa. Seguir haciendo esta presión y descendiendo hacia la parte baja de la pierna, hasta llegar al tobillo.

El punto final está donde empieza el empeine.

■ EL PIE

Posición: de rodillas, junto a la cadera derecha de la pareja. Se empieza trabajando con la punta del pie derecho: agarrar el pie, posándolo sobre la palma de nuestra mano izquierda. Invertir la posición de las manos para el otro pie.

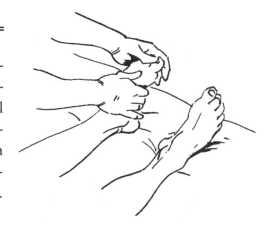

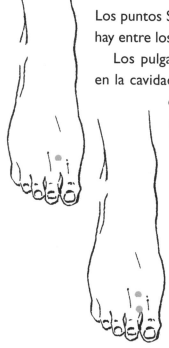

EJERCICIO I

Los puntos Shiatsu se encuentran en las cavidades que hay entre los tendones que van a los dedos.

Los pulgares aproximados uno a otro se colocan en la cavidad que está a unos cinco centímetros por encima de la base del dedo gordo y del segundo dedo. Presionar aquí moderadamente durante tres segundos. Hacer una pausa.

Ahora tendremos que situarnos más adelante, en medio de los dedos. Presionar en ese punto moderadamente durante tres segundos. Hacer una pausa.

El tercer punto se encuentra exactamente donde termina el hoyuelo. Presionar moderadamente durante tres segundos. Hacer una pausa.

■ LOS DEDOS DE LOS PIES

EJERCICIO 1

Se empieza el ejercicio por el dedo gordo. Los puntos Shiatsu del pie están situados en medio de las articulaciones: en la punta, en la base y a los lados de cada falange.

Debe apoyarse el pulgar derecho al principio de la primera falange del dedo gordo y el índice, debajo, en el punto opuesto correspondiente. Presionar aquí moderadamente, apretando durante tres segundos. Hacer una pausa. Apoyar el pulgar en la base de la uña del dedo gordo y el índice en el punto correspondiente opuesto, debajo del dedo. Presionar moderadamente, apretando durante tres segundos. Hacer una pausa.

EJERCICIO 2

Ahora hay que volver a la primera falange del dedo gordo. Apretar aquí por los dos lados del punto. Mantener la presión durante tres segundos. Hacer una pausa. Después, repetir la presión por los lados del segundo hueso.

■ PARA TERMINAR

Llegado este momento, es aconsejable que nuestra pareja descanse por lo menos cinco minutos antes de volver a levantarse.

Una vez en pie, es probable que note un pequeño aturdimiento o un levísimo dolor de cabeza.

Todo esto es absolutamente normal y en pocos momentos se repondrá por completo, notando un profundo bienestar en todo el cuerpo y una cálida sensación de excitación de la cabeza a los pies.

En los días siguientes al tratamiento completo del Shiatsu, se pueden acusar dos tipos de reacciones secundarias.

En realidad, unos se sienten tan descansados, tranquilos y soñolientos después de este tratamiento, que la noche inmediatamente siguiente duermen profundamente.

En cambio, al día siguiente se sentirán tranquilos, pero ligeramente cansados; el segundo día experimentan una gran sensación de bienestar físico y espiritual: se sienten llenos de energía y capaces de trabajar al máximo de su capacidad. Esta sensación, que varía de una persona a otra, suele durar entre dos y cinco días.

En cambio, el segundo tipo de reacción es un repentino impulso de energía después del tratamiento. En este caso, muchas personas se sienten tranquilas, pero enérgicas y excitadas, casi eufóricas, como un poco drogadas.

Este estado suele durar varias horas. Después, notan una sensación inmediata de cansancio, aun consiguiendo dormir profundamente la primera noche. Al día siguiente se sienten relajados y un poco cansados. Duermen profundamente la segunda noche y se despiertan con una sensación de bienestar, con una plenitud de energía física y mental.

La duración de este estado también varía de una persona a otra y suele durar entre dos y cinco días.

Teniendo en cuenta las intensas reacciones individuales ante un tratamiento completo de Shiatsu, se aconseja practicarlo a última hora de la tarde o cuando

empieza la noche, y repetirlo a intervalos de cinco o siete días, si se quieren conseguir resultados duraderos.

Como hemos repetido muchas veces, la verdad es que la constancia es fundamental para conseguir los máximos beneficios del Shiatsu, es decir, salud, vitalidad y también tranquilidad.

Dicho esto, podemos empezar a adentrarnos en la parte de uso específico del tratamiento Shiatsu. Las molestias físicas persistentes, cuando tienen un origen emotivo, dietético o ambiental, si se descuidan podrían requerir cuidados médicos más largos y costosos.

Sin contar con que, sencillamente, nos sentimos entorpecidos para llevar una vida más vigorosa, sana y que nos haga sentirnos realizados al estar molestos por muchas pequeñas incomodidades.

En el siguiente capítulo se indican algunos procedimientos que pueden seguirse regularmente para estimular y tonificar los órganos internos, que son los más propensos a causarnos problemas.

Estos tratamientos representan una medicina preventiva que mejorará al mismo tiempo las funciones de los sistemas del cuerpo.

El Shiatsu y la salud

■ INTRODUCCIÓN

En el mundo de hoy, la segunda causa de muerte son las enfermedades cardíacas.

Este dato negativo se debe tanto a una mala alimentación como a unas costumbres de actividad física escasa.

Si a estas dos causas se añade, además, el hábito de fumar, la situación se vuelve muy peligrosa.

El Shiatsu es una técnica que nos puede resultar muy eficaz puesto que si se practica a tiempo, es un instrumento bastante importante, tanto en la fase que se denomina de prevención como en la fase llamada de rehabilitación. Las zonas a tratar son el esternón, el brazo izquierdo y los dedos anular y meñique.

■ EL CORAZÓN

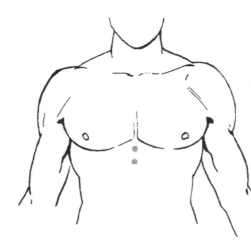

EJERCICIO 1

Colocar la yema del pulgar en el punto central del esternón.

Hay que forzar la presión, con una duración de diez segundos. Repetir tres veces.

EJERCICIO 2

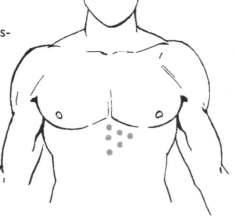

Hay que frotarse las manos hasta que entren en calor y apoyar después la derecha contra la zona central del esternón.

Presionar ligeramente hasta que se vaya enfriando la mano. Repetir tres veces.

EJERCICIO 3

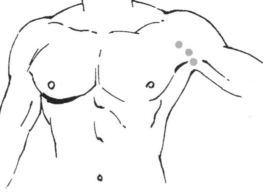

Extender los dedos de la mano derecha, de forma que los dedos índice, corazón y anular puedan introducirse en los espacios intercostales.

Se ejercerá la presión sobre las seis filas intercostales en horizontal, procediendo desde el esternón hacia fuera y de arriba abajo, en tres filas cada vez.

EJERCICIO 4

Ejercer ahora la presión sobre los puntos situados a lo largo del surco de la articulación del brazo, utilizando tres dedos de la mano derecha.

EJERCICIO 5

Presionar con el pulgar derecho sobre el punto de pulsación de la axila.

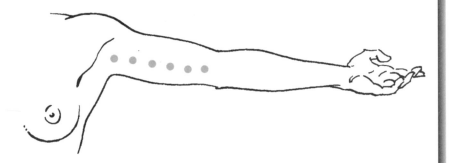

Presionar en dirección a la base del cuello. Repetir esto dos veces. Se sigue después a lo largo de los otros cinco puntos situados sobre el lado interno del brazo.

Para terminar, hacer una presión utilizando el pulgar sobre los ocho puntos localizados a lo largo del borde inferior e interno del antebrazo, desde el codo hasta la muñeca.

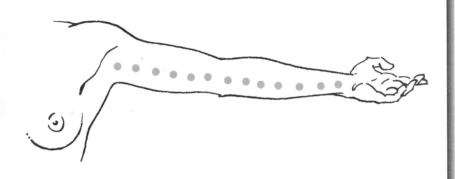

EJERCICIO 6

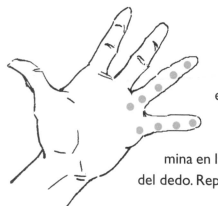

Agarrar el dedo meñique de la mano izquierda entre el pulgar y el índice de la mano derecha; ejercer presión sobre la línea de puntos que, partiendo de la base, termina en la punta del dedo; hecho esto, tirar del dedo. Repetirlo con el anular izquierdo.

EJERCICIO 7

Colocando la mano izquierda sobre el hombro derecho, tratar de tocarse la espalda con la mano, pasando por debajo del brazo izquierdo.

La presión se ejercerá sobre los puntos situados entre la columna vertebral y la parte inferior del omóplato; después de esto, se trabaja sobre los puntos que se encuentran en el borde exterior del omóplato.

EJERCICIO 8

Con la mano derecha, aga-
rrar la base del meñique
de la mano izquierda y es-
tirar el brazo por encima
de la cabeza, inclinándose
en esta postura ligeramente
hacia la derecha. Mantener la posición durante diez segundos.

Repetir de nuevo con el anular izquierdo y después de nuevo con el meñique
y el anular, juntos.

EJERCICIO 9

Utilizando tres dedos de la mano derecha,
imprimir una presión sobre el punto más alto
del hombro.

Después de esto, presionar el plexo solar
con la palma de la mano, manteniendo las
manos superpuestas. Repetir otra vez.

■ EL HÍGADO

El hígado es el órgano de mayor tamaño de todo el sistema digestivo. Tiene entre sus funciones las que se refieren a la eliminación de toxinas, el metabolizar las grasas, las proteínas y los hidratos de carbono; pero, además, funciona como reserva de energía. Un consumo excesivo de alcohol o una dieta demasiado abundante, pero también el cansancio, pueden acarrear desarreglos al hígado, que podrían empeorar sin que se manifiesten síntomas visibles. También la tensión perturba las funciones de este órgano. Las irregularidades en el funcionamiento del hígado se manifiestan con rigidez y dolor en el hombro derecho, en el punto que hay entre la parte inferior del omóplato derecho y la columna vertebral y a lo largo del extremo inferior del lado derecho de la caja torácica, entre el plexo solar y la parte superior del abdomen.

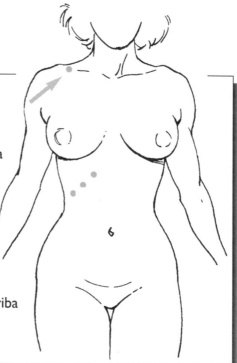

EJERCICIO I

Con las manos superpuestas (la mano izquierda sobre la derecha), ejercer una presión con la palma de la mano sobre los cuatro puntos que se encuentran a lo largo del borde inferior del lado derecho de la caja torácica. Se va desde arriba hacia abajo. Repetir otra vez.

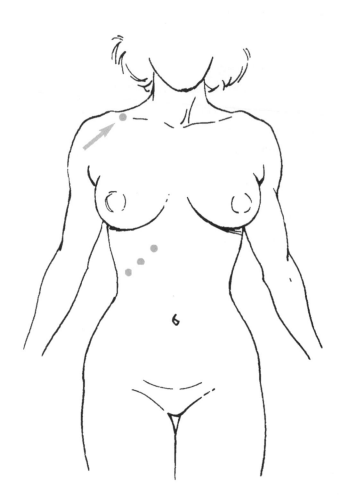

EJERCICIO 2

Ahora, con tres dedos de la mano izquierda, ejercer una presión sobre el punto superior del hombro.

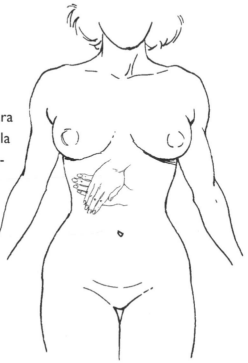

EJERCICIO 3

La mano derecha debe colocarse sobre el hombro izquierdo. Al mismo tiempo, tocar la espalda con la mano izquierda, pasando la mano por debajo del brazo derecho.

Presionar así sobre los puntos que hay entre la columna vertebral y la parte inferior del omóplato.

Es probable que haga falta ayuda de alguien.

EJERCICIO 4

Superponer las manos para imprimir una presión de la palma sobre el hígado, tirando hacia abajo y manteniendo la posición durante cinco segundos. Repetir tres veces.

■ LOS ÓRGANOS ABDOMINALES

Las tensiones acumuladas en los músculos del abdomen provocan grandes perturbaciones a los órganos contenidos en él. Si, en cambio, están relajados, las relaciones con los otros órganos se vuelven muy fáciles y se afrontará con más tranquilidad todo lo que ocurra alrededor. Practicar el auto-Shiatsu sobre el abdomen durante cinco minutos al día beneficiará mucho a los órganos abdominales. Mejorará la digestión,

se conseguirá una mayor resistencia física y los músculos de todo el cuerpo serán más flexibles.

Cuando se practica el Shiatsu sobre esta zona, lo primero que hay que hacer es relajar la tensión del plexo solar, que se encuentra a la altura de los puntos 1 y 6, porque son puntos reflejos de los órganos abdominales.

EJERCICIO I

Superponer la mano izquierda sobre la mano derecha; apoyar a continuación la palma sobre el plexo solar (puntos I y 6) e inspirar. Mientras se expira lentamente, imprimir la presión. Repetir esto cinco veces.

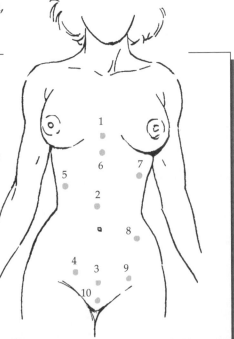

EJERCICIO 2

Volver a ejercer una presión con la palma de la mano; pero esta vez apretando consecutivamente sobre los diez puntos abdominales. Repetir la manipulación tres veces.

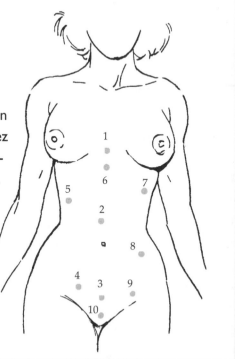

EJERCICIO 3

Ejercer, siempre con las manos superpuestas, una presión con la palma de la mano sobre los ocho puntos de alrededor del ombligo. Repetir esto dos veces.

EJERCICIO 4

Presionar de nuevo igual-
mente, pero esta vez so-
bre los puntos situados
en diagonal encima de la
ingle.

EJERCICIO 5

Llegado este momento, apoyar fuertemente ambas manos sobre el
ombligo, con las palmas superpuestas; hacer en ese punto una presión
«aspirada» con un movimiento circular en sentido de las agujas del reloj, unas diez veces. Después de esto, hacer una ligera vibración durante diez segundos.

■ LOS RIÑONES

Una insuficiencia renal, sin que llegue a la patología, puede ocasionar cansancio, vértigo e incluso hinchazón, aparte de una excesiva acumulación de orina durante la noche, que puede obligar a levantarse varias veces de la cama.

Las perturbaciones renales agudas requieren de diagnóstico urgente y cuidados médicos profesionales.

EJERCICIO I

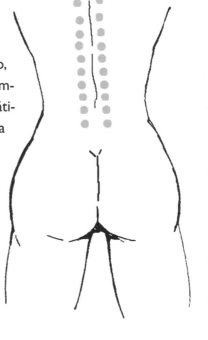

A los lados de la columna vertebral, más o menos en línea con el ombligo, se encuentran los riñones. Hay que empezar por practicar el Shiatsu sistemáticamente sobre los diez puntos de la espalda, ejerciendo una presión leve y ligera sobre los riñones, que están situados a la altura que va desde el tercero al quinto punto.

EJERCICIO 2

Poner las manos detrás de la espalda, entrecruzando los dedos de las dos manos; a continuación, presionar sobre los riñones con la parte callosa de las manos.

■ LOS DOLORES
DE ESTÓMAGO

Los espasmos de los músculos del estómago provocan a veces dolores repentinos.

Las causas de estas contracciones pueden ser muchas, pero la más corriente es la tensión nerviosa, un problema que nos afecta a todos. Tratando el quinto punto, situado sobre el lado izquierdo de la zona dorsal, se aliviarán los espasmos en el estómago que se tengan.

EJERCICIO I

La posición de la pareja es boca abajo. Quien hace el tratamiento debe arrodillarse, a horcajadas sobre la espalda, de forma que pueda ejercer una fuerte presión, con el pulgar izquierdo superpuesto sobre el derecho, sobre el punto más alto del lado izquierdo de la espalda. La presión durará cinco segundos. Repetir cinco o seis veces.

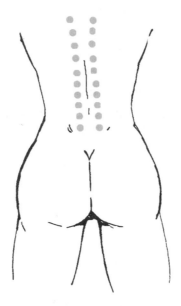

EJERCICIO 2

En el caso de que continuaran los espasmos, presionar durante tres segundos sobre cada uno de los diez puntos que, partiendo del que acabamos de tocar con el pulgar, llegan hasta los glúteos.

Hay que tratar antes el lado izquierdo y, después, el lado derecho. Repetir cinco o seis veces.

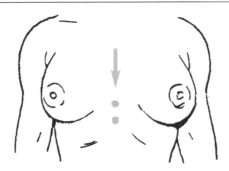

EJERCICIO 3

Colocarse boca arriba. Ejercer una leve presión con la palma de la mano sobre el plexo solar. Esta fase debe repetirse aproximadamente unas cinco o seis veces, a intervalos de casi cinco minutos. El efecto es muy relajante. Terminado el tratamiento, será bueno un rato de reposo en silencio.

■ LA DIARREA

Cuando los alimentos no se digieren por completo, las mucosas de los intestinos se irritan por un exceso de gas y de fermentación, a causa de los ácidos de la digestión. El consiguiente aumento de la peristalsis o contracciones intestinales hace acuosas las heces. Si persiste esta situación, las sustancias nutritivas no se absorben y se corre un riesgo de deshidratación, de pérdida de apetito y de una resistencia menor a las infecciones. Para devolver su funcionamiento normal al intestino, seguir una dieta a base de alimentos ligeros y en cantidades moderadas. Cuando nos sentimos cansados físicamente, los músculos se ponen rígidos; en estos casos, conviene hacer tratamientos preventivos sobre el abdomen para mantener relajados los órganos de la digestión.

EJERCICIO 1

Presionar fuertemente con los dos dedos corazón superpuestos y durante cinco segundos sobre el bulbo raquídeo. Repetir cinco veces.

EJERCICIO 2

Ejercer una presión, con tres dedos, sobre los puntos superiores de los hombros, de tres segundos cada una. Repetir cinco veces.

EJERCICIO 3

Ejercer una fuerte presión durante cinco segundos, con los dos pulgares y al mismo tiempo, sobre los dos puntos laterales de los glúteos.

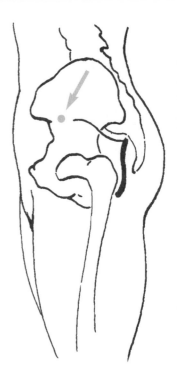

EJERCICIO 4

Utilizando los dedos pulgares superpuestos, ejercer una presión moderada sobre los cuatro puntos Shiatsu de la planta del pie que se ven en el dibujo, haciendo especialmente fuerte la presión sobre el tercer punto.

Después de esto, habrá que hacer una presión sobre los cuatro puntos dibujados sobre la parte superior del pie, en la base de los dedos; la presión que se haga sobre el primer punto tendrá que ser especialmente fuerte. Repetirlo todo dos veces.

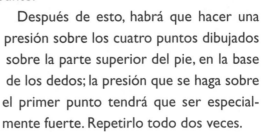

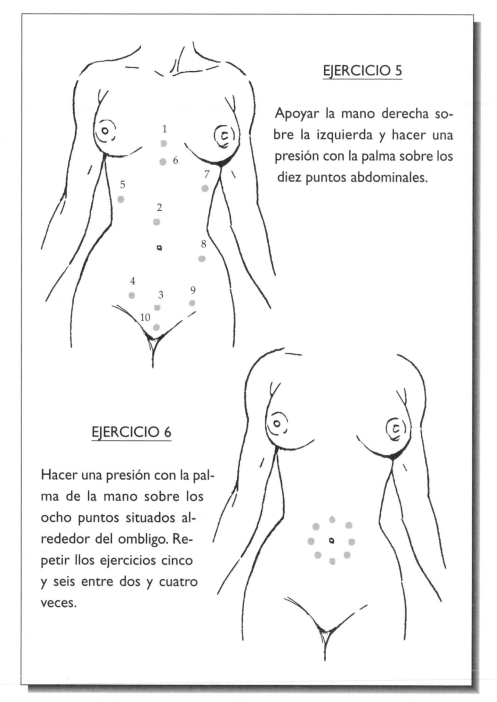

EJERCICIO 5

Apoyar la mano derecha sobre la izquierda y hacer una
presión con la palma sobre los
diez puntos abdominales.

EJERCICIO 6

Hacer una presión con la palma de la mano sobre los
ocho puntos situados al-
rededor del ombligo. Re-
petir llos ejercicios cinco
y seis entre dos y cuatro
veces.

■ EL ESTREÑIMIENTO

Las tensiones mentales, los cambios en la dieta o la falta de ejercicio físico pueden ser causas de estreñimiento. Si se mantienen esos malos hábitos, persistirá el estreñimiento, causando una disminución en el volumen de las heces.

Eso provoca la disminución de la presión abdominal y, consiguientemente, unas contracciones intestinales menos eficaces, que pueden llevar al estreñimiento crónico.

El estreñimiento crónico no se puede curar de un día para otro con el auto-Shiatsu; pero, con constancia, paciencia y un trata-miento diario se podrá conseguir una gran mejoría. Lo más eficaz será tomar la costumbre de hacerse el auto-Shiatsu por la mañana, antes de ir al baño.

Además se pueden facilitar las funciones del intestino tomando una taza de agua salada, de té verde japonés con una ciruela salada, un poco de fruta o leche: el ácido orgánico que contiene estimulará el intestino.

Es muy aconsejable realizar los ejercicios que se explican a continuación varias veces al día, según sea la gravedad de los síntomas que se tengan, y convertir este acto en una costumbre diaria.

EJERCICIO I

Se empieza ejerciendo una presión con el dedo pulgar sobre los puntos que hay sobre los lados de la parte delantera del cuello, trabajando primero un lado y, después, el otro.

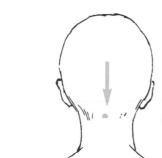

EJERCICIO 2

Tratar el punto de la base del cráneo con los dos dedos corazón superpuestos.

EJERCICIO 3

Presionar con tres dedos en los puntos superiores de los hombros. Después de hacer esto, trabajar los cinco puntos de la región lumbar a lo largo de los dos lados de la columna vertebral.

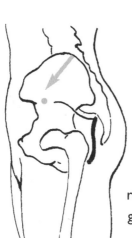

EJERCICIO 4

Ejercer una presión fuerte y simultánea, que debe hacerse con los dedos pulgares, sobre los dos puntos laterales de los glúteos.

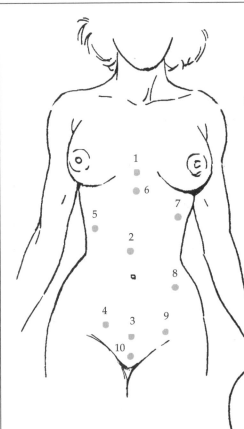

EJERCICIO 5

Con las manos superpuestas, hay que presionar, con la palma de la mano, los diez puntos abdominales, especialmente los puntos número siete, ocho, nueve y diez.

EJERCICIO 6

Siguiendo con las manos superpuestas, presionar con la palma de la mano los ocho puntos de alrededor del ombligo.

■ LOS DOLORES MENSTRUALES

Los dolores menstruales van muchas veces acompañados de dolor de cabeza y náuseas; los espasmos en el útero son el síntoma principal y el más doloroso y están causados por la debilidad de los músculos del útero o por una posición anormal de éste, lo que hace que sea difícil la expulsión de la sangre de la menstruación; también pueden deberse estos dolores excesivos a factores emotivos o desequilibrios hormonales.

Con independencia de la causa que los provoque, haciendo unos tratamientos de Shiatsu en los días que preceden al ciclo menstrual, mejorarán las condiciones generales de la menstruación.

Las mujeres que padecen dolores menstruales suelen sufrir de tensión en los músculos de la parte baja del abdomen y en la espalda, además de en los hombros y en el cuello, especialmente en la parte posterior del mismo.

Por consiguiente, es conveniente tratar con especial atención las zonas que son más afectadas; aliviar la tensión muscular, tanto del bajo vientre como de la espalda en los días que preceden a las menstruaciones, ayudará a prevenir los es-

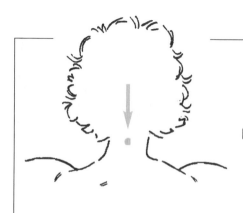

EJERCICIO I

Ejercer una presión fuerte sobre el bulbo raquídeo con los dos dedos corazón superpuestos.

pasmos dolorosos. Los tratamientos regulares de Shiatsu sobre estas zonas valdrán para corregir los desequilibrios hormonales así como para tonificar el
útero.

EJERCICIO 2

Ejercer, con los tres dedos de la mano,
una fuerte presión sobre los puntos que
se ven en el dibujo de al lado, en la parte
superior de los hombros.

EJERCICIO 3

Utilizando el dedo pulgar, ejercer
una presión sobre los cinco puntos de la región lumbar que
están a los lados de la columna vertebral.

En los últimos puntos, la
presión debe ser especialmente fuerte. Y
terminar presionando sobre los cuatro
puntos que se ven en el dibujo atrave-
sando en diagonal los glúteos.

Naturalmente, si para esto se
cuenta con ayuda, será más fácil.
Después de esto, trabajar sobre
los puntos del esternón y de manera especial sobre el primero.

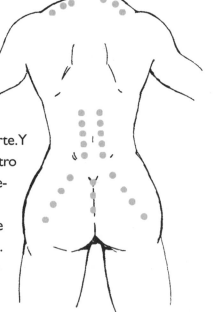

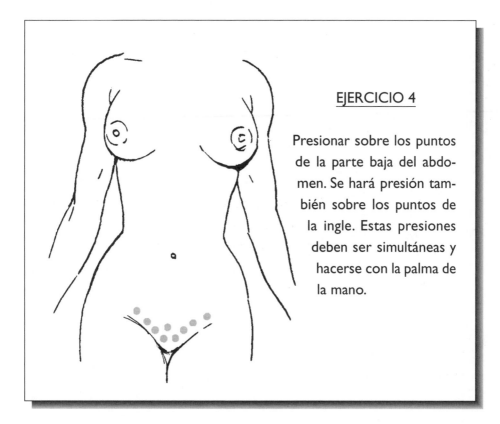

EJERCICIO 4

Presionar sobre los puntos de la parte baja del abdomen. Se hará presión también sobre los puntos de la ingle. Estas presiones deben ser simultáneas y hacerse con la palma de la mano.

■ LA PRÓSTATA

La próstata es una glándula situada debajo y detrás de la vejiga y forma parte del sistema genital masculino.

Está en la base de la uretra, mientras que el fluido que segrega constituye una parte del fluido seminal y, por consiguiente, una hipertrofia o un engrosamiento de la próstata no sólo dificultará la micción, sino también las funciones sexuales.

Según va avanzando la edad, la secreción hormonal deja de ser regular y la próstata tiende a aumentar, presionando sobre la uretra y sobre el conducto del esperma.

Estos síntomas tienden a empeorar alrededor de los sesenta

años y pueden conducir a la incontinencia. Los primeros síntomas se presentan bajo la forma de un flujo irregular de orina, cansancio y piel seca.

Unos tratamientos de Shiatsu hechos con regularidad consiguen prevenir estas perturbaciones y mantener el cuerpo en buenas condiciones.

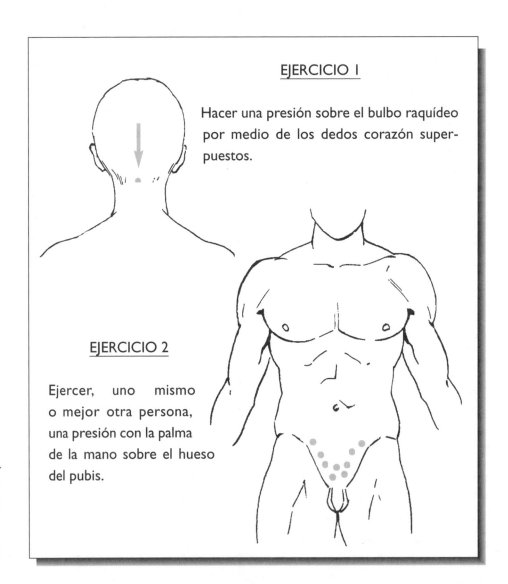

EJERCICIO I

Hacer una presión sobre el bulbo raquídeo por medio de los dedos corazón superpuestos.

EJERCICIO 2

Ejercer, uno mismo o mejor otra persona, una presión con la palma de la mano sobre el hueso del pubis.

EJERCICIO 3

Presionar de nuevo con la palma de la mano, propia o ajena, los puntos de la ingle que se ven en la figura.

EJERCICIO 4

Presionar fuertemente con tres dedos en unos puntos que hay a ambos lados del pene. Repetir varias veces. Si se tienen ganas, se puede orinar y volver a empezar.

EJERCICIO 5

Hacer presión sobre los riñones, con la parte carnosa de las palmas y después de haber entrecruzado las manos por detrás de la espalda.

EJERCICIO 6

Trabajar con los pulgares y presionar los puntos localizados en la región lumbar y sobre el esternón.

EJERCICIO 7

Presionar sobre los puntos laterales de las caderas.

EJERCICIO 8

Tomar entre ambas manos los testículos: apretar y soltar entre treinta y cuarenta veces. Eso sirve para estimular la secreción hormonal y para mejorar la vitalidad sexual.

■ CÓMO LIBERAR LAS TENSIONES

Hay que tener mucho cuidado y estar muy atentos cuando nos sintamos cansados, porque puede ser un síntoma importante de agotamiento y, en consecuencia, hay que considerarlo como una señal de alarma.

De cualquier manera, el cansancio, antes o después, acabará por tener un efecto negativo sobre la salud en general, porque resta energía.

Se puede afirmar, sin lugar a dudas y tranquilamente, que la mayor parte de las personas que viven en el ambiente agotador de los grandes centros urbanos actuales están sometidas a una tensión excesiva. Tanto el cansancio como el agotamiento nervioso al que solemos llamar estrés, son un impedimento para el buen funcionamiento de los sistemas corporales.

En este capítulo, vamos a proponer unos ejercicios de Shiatsu para dominar el cansancio y la angustia de la vida cotidiana. Cuando nos demos cuenta de que estamos cansados o sintamos un malestar indeterminado, será conveniente concederse el regalo de unos minutos para practicar el Shiatsu en aquellas partes del cuerpo en que se note el malestar.

No sólo nos sentiremos más cargados de energía, más dinámicos y más reposados, sino que, seguramente, habremos evitado que se desarrollen unos problemas de salud más serios.

Si aprendemos a cuidar de nosotros mismos y de los demás, alimentaremos una actitud que, por sí misma, contribuirá a nuestro bienestar y a disfrutar más y mejor de la vida. Los ejercicios siguientes se indican, sobre todo, para hacerse uno mismo el Shiatsu, pero también se podrán adaptar para hacérselos a nuestra pareja, relacionándolos, en caso de duda, con los capítulos del Shiatsu completo.

Las instrucciones dadas para el lado izquierdo valen también para el lado derecho..

■ LA FATIGA MENTAL

EJERCICIO I

Para que el cerebro funcione correcta-
mente, tiene que alimentarse con un flujo constante de sangre bien
oxigenada.

Cuando este flujo se desacelera o es irregular, la memoria se de-
bilita, parece ponerse pesada la cabeza y de ahí se derivan dolores de
cabeza e insomnio.

Ejercer, con tres dedos superpuestos, presión sobre los puntos situados en la línea central que, partiendo del nacimiento del pelo, llega a la parte más alta de la cabeza.

EJERCICIO 2

Presionar de forma simultánea,
con los tres dedos de las dos manos y sobre las seis filas de tres
puntos que están a los lados de la
línea central.

Se empieza por la parte de atrás
y se termina en el nacimiento del
pelo. Se va desde la línea
central hacia el exterior.

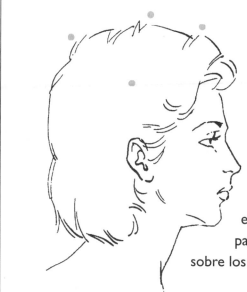

EJERCICIO 3

Hacer una presión sobre la frente con la palma de la mano, por encima y por detrás de la cabeza; después de esto, hacer otra presión con la palma de las manos y simultánea sobre los lados de la cabeza.

■ LA TENSIÓN MUSCULAR DE LOS OJOS

El no dormir lo suficiente, la contaminación ambiental o una falta de vitamina A, pueden contribuir a la fatiga ocular, a pesar de que este problema –con todos los síntomas que le acompañan, es decir, dolor de ojos, perturbaciones de la visión, y dolor de cabeza– suele atribuirse únicamente a las actividades relativas a los esfuerzos de la vista. El Shiatsu descarga la tensión de los músculos de alrededor de los ojos y también puede mejorar la calidad de la vista. Una buena regla que debe adoptarse es la de dejar descansar los ojos a intervalos regulares, especialmente en los casos en los que se hace un trabajo que cansa la vista.

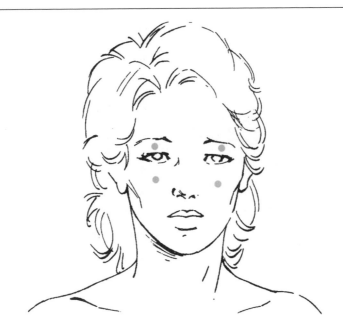

EJERCICIO 1

Hacer una presión, con tres dedos y simultáneamente con las dos manos, sobre los puntos situados a lo largo de la órbita ocular superior, yendo siempre de la parte de dentro hacia la de fuera. Repetir sobre los puntos homólogos de debajo de los ojos.

EJERCICIO 2

Usando los tres dedos, presionar en el punto situado en el centro de cada uno de los pómulos.

Después de esto, superponer el dedo corazón sobre el índice y presionar sobre el punto que está en el centro de cada ceja.

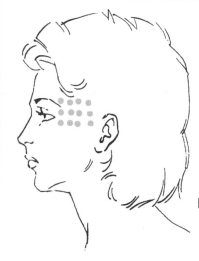

EJERCICIO 3

Ahora, hay que trabajar simultánea-mente sobre cada una de las filas horizontales, comenzando siempre en los puntos más próximos a los ojos.

Empezar por la fila central, pasar a continuación a la de arriba y después a la de abajo.

EJERCICIO 4

Colocar los dedos debajo de los ojos y hacer presiones despla-zando los dedos lentamente sobre todos los puntos de las órbitas, tirando un poco de la piel hacia fuera.

Una vez llegados al último punto, mantenerse en esta po-sición durante diez segundos. Repetir la secuencia completa, trabajando la parte superior de los ojos. Repetir dos ve-ces.

Volver a hacer este tipo de presión, estirando un poco la piel hacia fuera, en los puntos que hay a lo largo de las sienes.

EJERCICIO 5

Girar diez veces los ojos hacia la izquierda y, después, diez veces hacia la derecha.

EJERCICIO 6

Apoyar las palmas de las manos sobre los ojos y presionar levemente sobre las órbitas durante unos diez segundos.

■ EL DOLOR DE CABEZA

Las causas del dolor de cabeza, como es natural, son muchísimas, pero algunas de las más corrientes son el dormir poco, el endurecimiento de las arterias, la tensión alta, el estreñimiento, las perturbaciones premenstruales, la tensión general y el cansancio.

Es importante saber cuál puede ser la causa de un dolor de cabeza, para poder practicar el Shiatsu sobre las distintas partes del cuerpo, según cuál sea la causa específica. Si no se tiene seguridad del origen del dolor de cabeza, cabe la posibilidad de que se deba a la tensión acumulada en el cuello, en los hombros o en la espalda, que, a veces, ni siquiera hemos notado.

Así que es mejor practicar también el Shiatsu sobre dichas zonas. Además, si se practica el Shiatsu en las partes del cuerpo en las que el flujo sanguíneo es lento, se podrá estimular la circulación y esto nos ayudará a volver a estar despiertos y tranquilos.

Un dolor de cabeza suele ir acompañado de una sensación de rigidez de los músculos del cuello en la base del cráneo. Se debe practicar el Shiatsu sobre este punto antes de ir a la cabeza.

EJERCICIO I

Presionar simultáneamente sobre los puntos que se encuentran a los dos lados de la línea central. Repetir cinco veces.

Después de esto, presionar de nuevo sobre los seis puntos que están en la línea del centro; detenerse en el último punto de la caja del cráneo. Aumentar gradualmente la presión durante cinco segundos y, después, ir aflojando poco a poco.

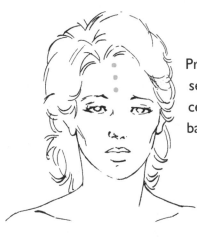

EJERCICIO 2

Presionar sobre los tres puntos que se encuentran a lo largo de la línea central de la frente, yendo hacia arriba. Repetir dos veces.

EJERCICIO 3

Presionar tres veces sobre los tres puntos situados a lo largo de la línea mediana de la parte posterior de la cabeza. Ejercer la presión durante cinco segundos en cada uno de los tres puntos que están en la base del cráneo, como se ve en la figura.

EJERCICIO 4

Para terminar, presionar con la parte carnosa de las manos sobre las sienes durante cinco segundos.

■ UN DOLOR DE CABEZA ESPECIAL: LA HEMICRANIA

La hemicrania provoca unas cefaleas lacerantes, caracterizadas por un dolor muy agudo que, generalmente, se localiza en un lado de la cabeza. El dolor se puede extender, yendo desde la parte anterior de la cabeza hasta llegar a los ojos o concentrarse en las sienes. No existe una explicación convincente que justifique por qué surge una hemicrania o jaqueca; lo único cierto es que la tensión en los músculos de los hombros o del cuello puede hacer que aparezca.

En estos casos, puede ser útil tratar también la región abdominal, porque así se estimula la circulación de la sangre en los órganos abdominales.

EJERCICIO I

Empezar a tratar los músculos del cuello por el lado que esté más afectado por la jaqueca. Utilizando tres dedos, presionar sobre las tres filas de puntos, con una presión que vaya de arriba hacia abajo. Se empieza con la fila de delante.

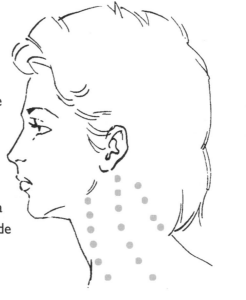

EJERCICIO 2

Poner una atención especial en el bulbo raquídeo. Ejercer en él la presión, utilizando los dos dedos corazón superpuestos. Apretar, además, sobre los puntos que se encuentran en la parte superior del hombro, pero en éstos siempre hacerlo con tres dedos.

EJERCICIO 3

Hacer la presión con tres dedos sobre los tres puntos que están encima de las sienes.

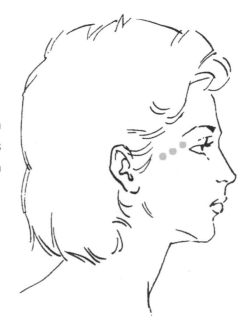

EJERCICIO 4

Hacer la presión con la palma de la mano sobre el lado de la cabeza que esté afectado por el dolor de hemicrania, sujetando con la otra mano el otro lado de la cabeza.

■ LA SOMNOLENCIA

La somnolencia puede representar un problema en muchas ocasiones. Por ejemplo, en los casos en los que nos vemos obligados a pasar muchas horas conduciendo al volante de un coche.

Para evitar situaciones desagradables o de riesgo, es aconsejable la práctica diaria de los siguientes ejercicios.

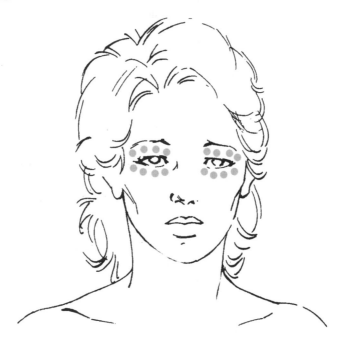

EJERCICIO I

Presionar moderadamente, durante tres segundos, en los puntos que
se encuentran sobre el borde interior superior de la órbita del ojo,
como se ve en la figura. Hay que tener cuidado de no presionar sobre
el globo ocular.

La presión se hará con el dedo medio puesto sobre el dedo índice. Repetir dos veces.

Hacer la presión con tres dedos sobre los ocho puntos que están
situados alrededor de las órbitas. Repetir dos o tres veces.

200 ■ Quinta parte

EJERCICIO 2

Utilizando tres dedos, ejercer una presión a lo largo de los tres puntos de las sienes.

El primer punto debe tratarse con fuerza. Repetir dos veces.

Después, ejercer una presión fuerte durante tres segundos, con tres dedos, sobre el punto situado detrás del lóbulo de la oreja y un poco debajo de la protuberancia ósea del cráneo. Repetir dos veces.

EJERCICIO 3

Ejercer una fuerte presión de cinco segundos de duración sobre el bulbo raquídeo.

Para esto se utilizarán los dos dedos corazón superpuestos. Repetir dos veces.

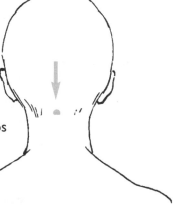

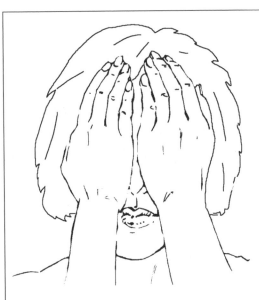

EJERCICIO 4

Hay que apoyar las dos palmas de las manos encima de
los ojos. Mantenerlas así durante diez segundos, des-
pués de lo cual se quitarán
repentinamente.

EJERCICIO 5

Partiendo del centro de la nuca y con una presión sostenida gradualmente, se inicia un masaje hacia abajo, en dirección a las
orejas.

■ EL INSOMNIO

El insomnio provoca nervio-
sismo y ansiedad. Los que su-
fren esta perturbación pueden
caer en un círculo vicioso, ya
que se les acumula la tensión
en el cuello, en la zona de los
hombros y en la región abdominal.

Si se consigue aliviar la tensión en estas zonas, poco a poco
se debería lograr recuperar un
ritmo normal de sueño.

EJERCICIO I

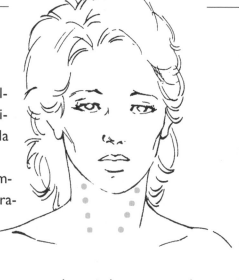

El punto Shiatsu a tocar inicial-
mente está encima de la carótida y es el punto más alto de la
parte delantera del cuello.

Este punto Shiatsu es muy importante, porque regula el corazón, la circulación de la
sangre y el flujo de la
sangre hacia el cerebro.

Hay que tener cuidado de no apretar demasiado tiempo ni demasiado fuerte.

A continuación se debe ejercer la presión sobre los otros tres
puntos del cuello durante dos o tres segundos en cada uno.

Repetir dos veces y pasar después a tratar el lado derecho, con los
mismos movimientos.

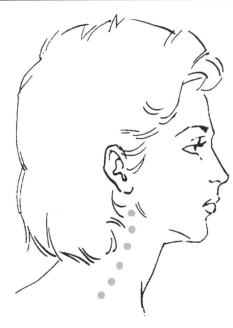

EJERCICIO 2

Hacer simultáneamente una presión sobre la fila de puntos situados a los dos lados del cuello.

Hay que utilizar tres dedos. Repetir dos veces.

EJERCICIO 3

Se hace la presión con tres dedos de cada una de las manos.

Presionar sobre los puntos situados a lo largo de la línea central de la cabeza, desde el nacimiento del pelo hasta la parte alta de la cabeza.

Repetir el ejercicio dos veces y presionar sobre el último de nuevo tres veces.

EJERCICIO 4

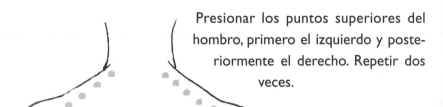

Presionar los puntos superiores del hombro, primero el izquierdo y posteriormente el derecho. Repetir dos veces.

EJERCICIO 5

Hacer una presión con la palma de la mano sobre los diez puntos abdominales. Repetir el ejercicio dos o tres veces.

■ AL DESPERTAR...

Cuando el cuerpo no reacciona y se siente la cabeza pesada, el levantarse por la mañana resulta un duro esfuerzo.

Esto suele ocurrir porque sigue todavía presente el cansancio del día anterior; el cerebro, cansado por el exceso de trabajo, reacciona lentamente, debido a las impurezas y a las toxinas de la sangre.

Esta sensación de pesadez en la cabeza y de cansancio general no se pasa hasta que no le llegue al cerebro un flujo de sangre fresca, devolviendo su estado de normalidad al cerebro.

Las personas que llevan a cabo un trabajo intelectual están sometidas a este tipo de trastornos.

El Shiatsu en la cabeza y sobre la carótida estimula el flujo de la sangre al cerebro.

Muchas personas se quejan de tener el cuello dolorido por la mañana: los músculos están muy tensos y se siente una gran dificultad para mover el cuello.

Pero bastarán sólo unos pocos minutos de Shiatsu para aligerar estas sensaciones desagradables de pesadez y para ayudarnos a nosotros mismos a funcionar mejor. Se puede hacer en cualquier sitio, estando solos o entre amigos. También es muy útil después de dos o tres horas de estar sentados trabajando en una mesa de despacho, cuando la mente suele empezar a sentirse entorpecida.

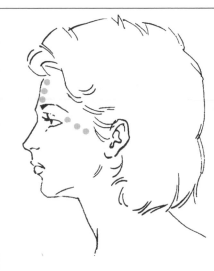

EJERCICIO 1

Presionar sobre los puntos de la línea vertical de la frente que se ven en la figura y después sobre los de las sienes.

EJERCICIO 2

Después de entrecruzar los dedos por detrás de la cabeza, presionar sobre los puntos del cuello con los dedos pulgares.

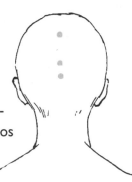

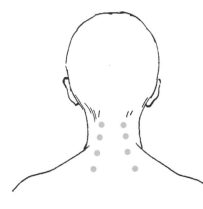

EJERCICIO 3

La presión se ejerce con tres dedos. Presionar sobre los puntos que están situados en la parte posterior de la cabeza, con las dos manos al mismo tiempo.

EJERCICIO 4

Hacer la presión sobre los puntos delanteros del cuello con los dedos pulgares, primero sobre los de la izquierda y, después, sobre los de la derecha. Hacer la presión ligera y repetidamente. De esta forma se dilatarán los vasos sanguíneos y se sentirá la cabeza más ligera.

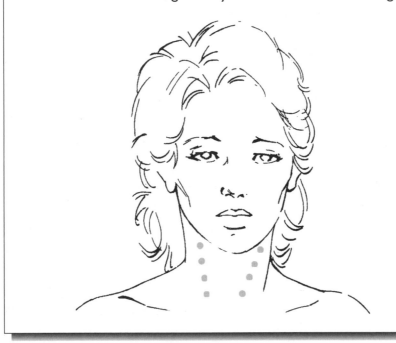

■ TRATAMIENTOS DE BELLEZA: LA PIEL

Una piel lisa y atractiva es el reflejo natural de un cuerpo y de una mente sanos. El cuidado de la salud se convierte también, por lo tanto, en algo muy importante para la belleza.

Entre las causas de los problemas de la piel, deben recor-

darse el estreñimiento y las malas digestiones y es por esto por lo que deben mantenerse en buen estado los órganos encargados de estas funciones.

La falta de ejercicio físico, los desarreglos de tipo emotivo y los hábitos de vida irregulares son factores, todos ellos, que influyen en el problema. Una piel que no está sana se vuelve pálida, áspera, seca, mortecina y con granos o arrugas.

El remedio no consiste simplemente en estimular temporalmente la piel con golpecitos o masajes, sino en ir ejercitando poco a poco y con regularidad una presión con los dedos sobre ciertos puntos específicos de la superficie corporal.

Esta presión que se ejerce penetra en profundidad en los músculos, liberando la tensión y aflojando la compresión de los vasos sanguíneos, de las glándulas linfáticas y de los nervios. La intensidad de la presión varía según sea el grado de tensión muscular que haya en cada zona, tonificándose así todo el cuerpo.

El Shiatsu completo activa las funciones de la piel, estimula la regeneración de los tejidos y la circulación de la sangre y ayuda a mantener la piel fresca, suave y lisa.

Para la piel es muy importante que la secreción hormonal sea regular, y el Shiatsu sobre las glándulas suprarrenales y sobre la tiroides resulta especialmente eficaz, puesto que las glándulas suprarrenales segregan alrededor de sesenta tipos de hormonas. Tener en claro este aspecto será importante para poder llevar a cabo correctamente nuestra terapia de Shiatsu.

Igualmente importante para la piel es una buena circulación, especialmente para las manos. Si la piel de las manos está seca, áspera y agrietada o si las manos están frías, conviene practicar determinados tratamientos de Shiatsu con regularidad; esto mejorará visiblemente la circulación y devolverá a la piel su aspecto sano, mediante la estimulación de sus funciones de regeneración.

EJERCICIO I

Para empezar, presionar con el dedo pulgar sobre los puntos situados a lo largo de la parte anterior del cuello, primero en la parte izquierda y, después, por la derecha.

Esto servirá para estimular el flujo sanguíneo hacia la cabeza y devolverá a la piel de la cara su buen color, reduciendo a la vez el sentido de aturdimiento.

La glándula tiroides se encuentra entre el tercer y el cuarto punto y es la responsable de la luminosidad del color.

EJERCICIO 2

Trabajar sobre los puntos situados en la parte posterior del cuello; después, en los de la parte superior del hombro: primero en el hombro izquierdo y, posteriormente, sobre el hombro derecho, durante aproximadamente cinco segundos en cada uno de ellos.

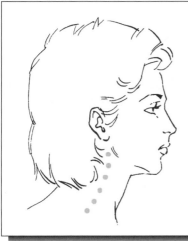

EJERCICIO 3

Presionar con tres dedos los puntos laterales del cuello que se ven en la figura.

EJERCICIO 4

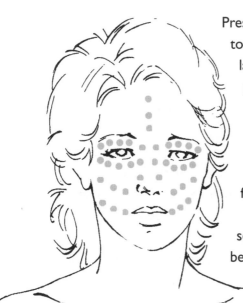

Presionar con tres dedos los puntos de la frente y de los lados de la nariz (utilizando para hacer la presión el dedo corazón superpuesto sobre el índice); presionar también los bordes de los pómulos, los lados de la boca y la parte superior e inferior de las órbitas.

Las zonas donde la piel esté seca y arrugada o áspera se deben tratar de un modo especial, aumentando poco a poco la presión.

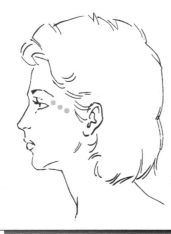

EJERCICIO 5

Haciendo la presión como en el ejercicio anterior, hay que trabajar ahora sobre los puntos de las sienes. El tratamiento de estos puntos ayudará a mantener la piel elástica y a prevenir las patas de gallo que se forman junto a la comisura exterior de los ojos.

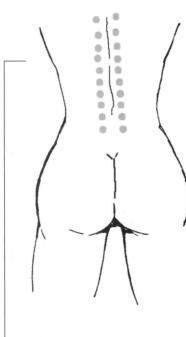

EJERCICIO 6

Presionar las glándulas suprarrenales que se encuentran a ambos lados de la columna vertebral, encima de los riñones, actuando sobre los puntos de la figura.

Entrecruzar las manos por detrás de la espalda y presionar con las palmas de las dos manos.

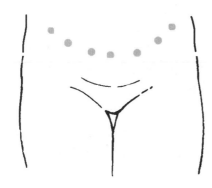

EJERCICIO 7

Si se padece de estreñimiento, presionar sobre los puntos abdominales que muestra el dibujo.

EJERCICIO 8

Presionando sobre los puntos del brazo y de la mano se mejora la circulación de la sangre de las manos.

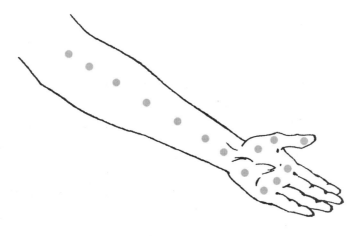

■ EL CUELLO

Un cuello tenso o fofo no resulta atractivo. Además, una postura encorvada y una barbilla que sobresale son los signos más corrientes de envejecimiento; están causados por la pérdida de elasticidad de los músculos del cuello. Hacer ejercicios de Shiatsu sobre los músculos del cuello –y, en especial, sobre los puntos de la parte anterior, a lo largo de la carótida y del nervio vago, pero también sobre los de la parte posterior–, resulta de vital importancia para la salud en general, además de contribuir a la belleza.

Estos ejercicios resultan especialmente beneficiosos para tratar el cansancio y el insomnio, cosas ambas perjudiciales para el aspecto físico. Hay que tratar de hacer estos ejercicios de auto-Shiatsu por la mañana, al despertarse, antes de irse a dormir o mientras se descansa en la bañera.

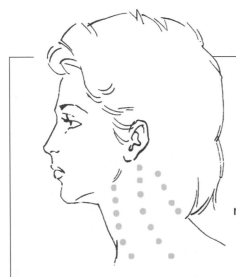

EJERCICIO I

Presionar sobre los puntos de la parte delantera del cuello, a los lados de la glándula tiroides, para regular la secreción hormonal.

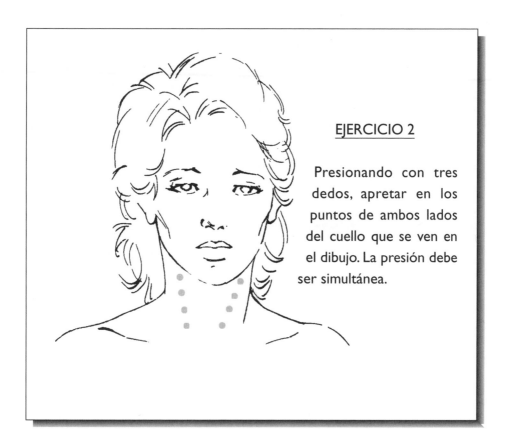

EJERCICIO 2

Presionando con tres dedos, apretar en los puntos de ambos lados del cuello que se ven en el dibujo. La presión debe ser simultánea.

■ LOS SENOS

Liberando la tensión del tórax, se mantiene la dureza y salud de los senos; además, se hace necesario adoptar una postura correcta y mantener un buen equilibrio hormonal. El Shiatsu no podrá producir cambios en el volumen del seno, pero sí podrá mejorar su tono muscular, haciendo que los senos estén más duros y manteniéndolos más elevados, al prevenir la distensión de los músculos que los sostienen.

EJERCICIO 1

Presionar sobre el bulbo raquídeo, utilizando para ello los dedos corazón superpuestos.

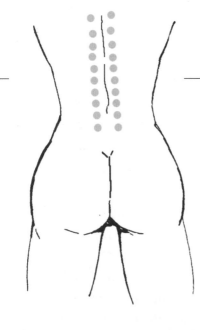

EJERCICIO 2

Presionar sobre el tercer punto de la región lumbar, primero con las palmas de las manos y, posteriormente, con los dedos pulgares.

EJERCICIO 3

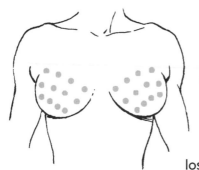

Utilizando al mismo tiempo los dedos de las dos manos, presionar sobre los puntos intercostales que hay entre las tres filas de cuatro puntos a cada lado, girando alrededor de los senos. Del interior al exterior y repetir dos veces el ejercicio.

EJERCICIO 4

Colocando las palmas de las manos debajo de las axilas, se presiona hacia el interior, desplazando los senos uno junto a otro.

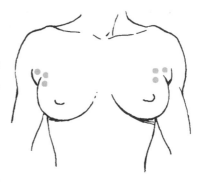

EJERCICIO 5

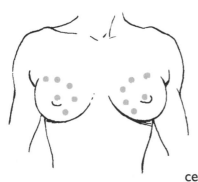

Con la base de las palmas de la mano, apretar el lado del seno izquierdo y cruzar los dedos sobre la parte delantera. Hacer una presión con un movimiento circular en sentido inverso a las agujas del reloj, diez veces. Agarrar la base del pezón entre el pulgar y el índice y levantarlo. Repetir la presión circular. Repetir el proceso con el seno derecho, en el sentido de las agujas del reloj.

■ LA CELULITIS

EJERCICIO 1

Trabajar con tres dedos los tres puntos que se ven en la figura y que están situados a cada uno de los lados del ombligo. Se procede empezando por fuera y yendo hacia adentro.

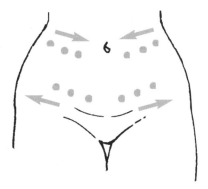

EJERCICIO 2

Ir desde la zona de la vejiga hacia la parte externa, tocando con los dedos las dos series de puntos de la parte del bajo vientre, utilizando tres dedos durante cinco segundos.

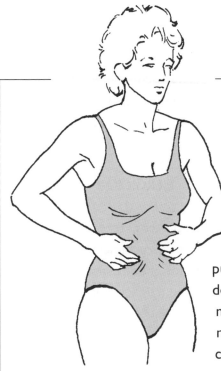

EJERCICIO 3

Apoyar las palmas ligeramente sobre el hueso de la cadera, a la altura de los puntos descritos en la fase 2. Ejercer en esos puntos una presión con la palma, deslizando al mismo tiempo las manos hacia delante hasta que las palmas toquen el ombligo. Repetir cinco veces este proceso.

EJERCICIO 4

Presionar con tres dedos los puntos situados a cada lado de la parte alta de la cadera.

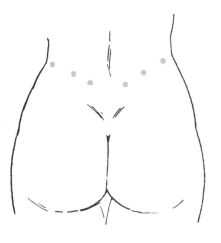

EJERCICIO 5

Presionar los puntos que atraviesan los glúteos en diagonal.

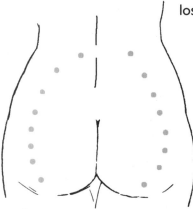

EJERCICIO 6

Apretar con tres dedos los puntos directamente situados bajo los glúteos, levantándolos durante tres segundos.

EJERCICIO 7

Con un movimiento de rodillo, que se debe hacer con los nudillos de los dos puños, ejercer una presión aspirada sobre los glúteos.

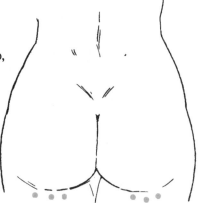

■ LA ENERGÍA SEXUAL

Está bastante claro que para el disfrute de las relaciones sexuales será mucho más satisfactorio mantener una situación emotiva tranquila y libre de cansancio físico.

Ahora bien, en la vida de toda pareja, fisiológicamente hablando, llegan momentos en que se presentan problemas de tipo físico o psicológico.

El Shiatsu realizado en pareja (*véase* capítulo correspondiente) puede ser un estupendo modo de aprender a hacer frente a las dificultades y de mantenerse sanos.

Cuando los músculos de todo el cuerpo, sea cual sea el motivo, están tensos o contraídos, se reduce la sensibilidad sexual. Por lo tanto, se hace especialmente importante mantener la flexibilidad así como el tono muscular en la parte baja de la espalda y en las piernas, mediante el ejercicio físico.

Además, es importante practicar el Shiatsu sobre el bulbo raquídeo, en la parte anterior del cuello –por la glándula tiroides– y sobre las glándulas suprarrenales –situadas en la parte alta de los riñones–, para que así la secreción hormonal se pueda mantener en condiciones adecuadas.

Como se sabe, la impotencia y la frigidez contribuyen a deteriorar las relaciones sexuales y, posiblemente, también a las personales, como consecuencia.

El Shiatsu actúa directa e indirectamente en la eliminación o atenuación de los factores psicológicos y fisiológicos.

La impotencia puede estar causada por el cansancio físico o mental o por una dieta inadecuada, aunque tampoco habría que excluir los factores psicológicos, como son, por ejemplo, los complejos de inferioridad física.

En los hombres que han sobrepasado la edad media –según el conocido escritor Oscar Wilde, la más bárbara de todas las edades–, disminuye el vigor sexual al disminuir la fuerza física;

pero, desde hace pocos años, se ha observado un aumento de la impotencia también en hombres más jóvenes.

Estos casos de impotencia no se deben en líneas generales a una anomalía física, sino que más bien están provocados por problemas psicológicos de todo tipo, por la tensión que se vive en la sociedad actual o por el agotamiento nervioso.

La frigidez, por su parte, excepto en aquellos casos en que se debe a anormalidades fisiológicas que se encuentran en los órganos sexuales, casi siempre se debe a causas de naturaleza psicológica.

Esto, de todas formas, no significa que el problema resida sólo en la mente de la mujer.

Con mucha frecuencia los factores responsables de la frigidez de la mujer son la falta de sensibilidad del hombre, su carencia de una adecuada y sólida educación sexual o bien la eyaculación precoz de su pareja, puesto que el proceso sexual en la mujer suele ser más lento que en el hombre.

Con la práctica, la confianza absoluta entre ambos y la sinceridad, los dos miembros de la pareja llegarán a conseguir la sensibilidad necesaria para reconocer y tratar los puntos débiles y las zonas tensas del otro.

■ CÓMO AUMENTAR EL VIGOR SEXUAL

EJERCICIO I

Nuestra pareja deberá tenderse boca abajo.

Ante todo, habrá que presionar, con los pulgares superpuestos, los cinco puntos más bajos de la espalda, haciendo una presión fuerte sobre el quinto punto.

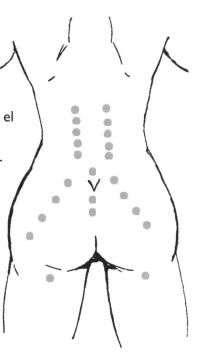

A continuación, habrá que presionar con los dos pulgares sobre las tres filas de puntos de los glúteos.

Después, ejercer una presión gradual sobre el punto más bajo de la fila central, que está sobre la base del hueso sacro, haciendo un movimiento hacia arriba.

Para terminar, hacer la presión con un movimiento como de amasar sobre los dos puntos de los glúteos que están en el lugar donde éstos se unen a las piernas.

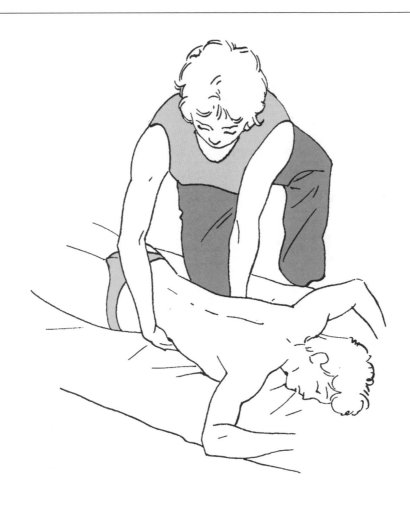

EJERCICIO 2

Pasar las manos por debajo de los costados, hasta llegar a los puntos que están en el borde interno del hueso de la cadera; presionar ese punto con tres dedos, con un movimiento como de amasar hacia arriba, hecho lentamente y alternando el lado derecho con el lado izquierdo.

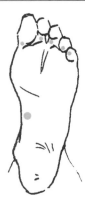

EJERCICIO 3

Hacer una presión sobre la base de cada uno de los dedos del pie, simultáneamente arriba y abajo. Después de eso y tirando ligeramente, sacudirlo para hacerlo «vibrar».

Hacer presión sobre el punto del arco de cada pie con los pulgares superpuestos.

EJERCICIO 4

La pareja, que está tendida, ahora deberá ponerse boca arriba para presionarle con las palmas de las manos sobre los puntos abdominales más bajos, el número 3 y el número 10 del dibujo. El último punto que está sobre el hueso del pubis habrá que tratarlo de modo particular.

Después de esto, hay que ejercer una presión con la palma de la mano sobre las dos filas de puntos de la ingle. Y, para terminar, hacer una presión con los pulgares superpuestos sobre los primeros cinco puntos de la parte interior de los muslos.

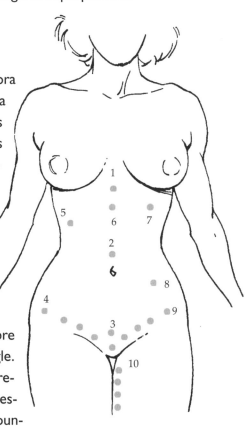

EJERCICIO 5

PARA LAS MUJERES: Mantener los senos entre el pulgar y el índice y presionar en la base. Tomar a continuación los pezones entre el pulgar y el índice y tirar ligeramente.

EJERCICIO 6

PARA LOS HOMBRES: Lo mejor es rodear con los dedos el escroto y presionar con los pulgares y de manera muy delicada lo que constituye la base del pene.

Sexta parte
Shiatsu para niños

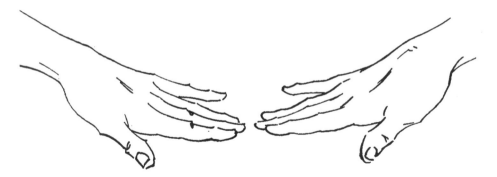

Shiatsu para niños

■ EL BIENESTAR PSICOFÍSICO DEL NIÑO

Se puede practicar el Shiatsu junto a los niños a fin de ayudarles a tener un cuerpo sano y, al mismo tiempo, a adquirir buenos hábitos de vida.

Es importante que estos momentos les resulten divertidos y agradables y, por lo tanto, debe evitarse el hacerlo cuando el niño esté cansado, cuando no se sienta bien, cuando tenga hambre o esté recién comido.

Si se practica con constancia, se irán observando pequeños cambios en su estado de salud y se podrán ir tratando a continuación las zonas que necesiten mayor atención.

Los procesos que se describen aquí son ideales para los niños de edad preescolar; hasta los recién nacidos podrán beneficiarse con el Shiatsu. Al cambiarles los pañales, por ejemplo, o al bañar al niño, acariciarle el cuerpo suavemente; los recién nacidos son muy sensibles y será suficiente con un toque leve.

Hay que usar únicamente el dedo índice y el dedo corazón o, si acaso, la palma de la mano, asegurándose siempre de tener las manos calientes y las uñas cortas.

No son adecuadas unas sesiones largas cuando se trata de recién nacidos; son mucho más eficaces los tratamientos de corta duración y a intervalos regulares.

Además, no se le debe hacer el Shiatsu al recién nacido si está cansado o tiene fiebre. Lo que más necesita en estos casos es dormir.

Los años preescolares son muy importantes para la formación de una constitución fuerte y resistente a las enfermedades que tendrá a lo largo de la vida.

Si el pequeño tuviera problemas de salud, como asma, hay que evitar el tratarle como a un enfermo; hay que darle, simplemente, cariño y paciencia.

Hacerle con frecuencia tratamientos de Shiatsu, dejándole estar al aire libre el mayor tiempo posible y asegurándose de que haga suficiente ejercicio físi-

co y coma de forma sana. Además, hay que mostrarse confiados en su capacidad para crecer fuerte y sano.

Los medios a usar con mayor frecuencia deberán ser los masajes ligeros y la presión con las palmas de las manos.

Si un determinado ejercicio requiere presionar con los dedos, hay que tener mucho cuidado de ejercer la presión suavemente, porque las presiones fuertes les resultan desagradables a los niños.

Debemos dejarnos llevar por las manos para aprender a conocer el cuerpo del niño. Hay que localizar los puntos a tratar y regular el tipo, el grado y la duración de la presión, basándose en las necesidades de la zona sobre la cual se debe actuar.

Las sesiones de Shiatsu han de convertirse en un momento de relajación dedicado a la conversación, durante el cual el niño pueda hablar de sus actividades en la guardería o en el colegio y de sus amiguitos.

Por lo que se refiere a los niños más crecidos, el Shiatsu es un modo estupendo de ayudarles a mantenerse sanos, a liberarse del cansancio de la escuela, a evitar los traumatismos deportivos y a adoptar unos hábitos buenos y sanos.

Practicar el Shiatsu con el niño nos permitirá mantenernos en contacto con él, a pesar de nuestras muchas ocupaciones, y también hará que notemos a tiempo cualquier problema que pueda surgir.

A medida que el niño vaya creciendo, se podrán ir adaptando las técnicas a los distintos niveles de su desarrollo, haciendo que vaya siendo cada vez más agradable.

Muchos de los procesos descritos en otros capítulos anteriores serán también adaptables a los niños ya más crecidos.

Hay que tener en cuenta el factor de que, en algunas partes del cuerpo, como el lado posterior del cuello, la espalda o el abdomen, los puntos adecuados de un niño son menos en relación con los que puedan tener los adultos.

Esto se debe a que, como es evidente, hay una proporción diferente entre la mano de un adulto y el cuerpo de un niño.

■ PEQUEÑAS MOLESTIAS COTIDIANAS: EL RESFRIADO

Cuando los niños están resfriados, se ponen también inquietos, apáticos e irritables. En caso de sinusitis, la densa mucosidad nasal provoca dolor de cabeza y fatiga ocular.

En los casos más graves, puede haber somnolencia y un entorpecimiento de la memoria y de varias facultades mentales. Un tratamiento de Shiatsu podrá aliviar los síntomas y también favorecer una rápida curación.

■ PEQUEÑAS MOLESTIAS COTIDIANAS: CRISIS ASMÁTICA

El asma es un tipo particular de perturbación provocado por ataques de disnea con silbidos en el pecho al respirar y que se caracteriza por una respiración dificultosa. En casos muy prematuros, puede que exista una predisposición constitucional o una reacción alérgica desencadenada por la contaminación atmosférica, por el polen, el polvo, el moho, por determinados alimentos o por el pelo de animales domésticos.

En este último caso, bastaría simplemente con eliminar estos factores, asegurándose de que el ambiente no tenga polvo, que no haya animales domésticos e incluso evitando determinados alimentos.

Además, hay que preocuparse de mantener su piel sana haciéndole fricciones regulares con una toalla seca y sesiones de Shiatsu para poder mejorar su estado general de salud.

Convendría practicar con el niño dos sesiones diarias, una por la mañana y otra por la noche, para que estén suficientemente distanciadas en el tiempo.

A veces, el tratamiento del asma infantil puede resultar largo y fatigoso; pero, con paciencia y con afecto, se conseguirá que llegue a tener una buena salud.

Se empieza siguiendo los pasos 1 y 2 del siguiente apartado, «La tos».

■ PEQUEÑAS MOLESTIAS COTIDIANAS: LA TOS

La tos está causada por una inflamación de la garganta y de la tráquea. Puede ser de carácter seco e intermitente o puede ser irritante pero superficial o, también, profunda y violenta.

En cualquier caso, cuando es continua, llega a ser fatigosa, privando al niño del sueño que necesita indispensablemente para poder sanar.

En estos casos es aconsejable hacer un tratamiento de Shiatsu, para aliviar el síntoma, aunque será necesario averiguar la causa que lo produce.

■ SHIATSU PARA
EL RESFRIADO

EJERCICIO 1

Para empezar: tocar con los dedos simultáneamente los puntos situados a los lados de la nariz, por medio de los dedos corazón superpuestos a los índices.

EJERCICIO 2

Siguiendo con los pulgares superpuestos, ejercer una presión sobre los puntos de la frente.

El punto más bajo, situado en el entrecejo, es especialmente importante en los casos de congestión de los senos nasales.

EJERCICIO 3

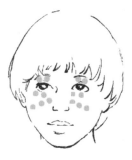

Tocar con el pulgar cada uno de los puntos situados alrededor de las órbitas de los ojos y a lo largo de los bordes de los pómulos.

El movimiento tiene que ser lento y suave.

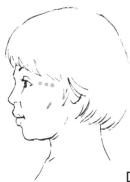

EJERCICIO 4

Tocar, con tres dedos, los puntos situados en las sienes y que se ven en el dibujo.

EJERCICIO 5

Dar un masaje con el pulgar sobre los puntos situados en la parte delantera del cuello. Se hace yendo de arriba hacia abajo, primero a la derecha y, después, a la izquierda. Repetir esto cinco veces.

EJERCICIO 6

Trabajar toda la parte posterior del cuello agarrándolo con el pulgar y los otros dedos, cuidando de no apretar con demasiada fuerza.

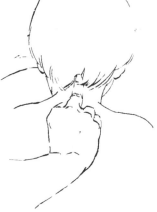

EJERCICIO 7

Para terminar el tratamiento, hacer que el niño doble el cuello hacia delante, hacia atrás y hacia los lados. Hay que repetir estos movimientos varias veces, para que se estiren los músculos del cuello.

■ SHIATSU PARA LA CRISIS ASMÁTICA

EJERCICIO I

Los niños asmáticos tienen poco espacio entre el omóplato y la columna
vertebral.

Para practicar este ejercicio, el
niño tendrá que estar tendido en posición de decúbito prono; a continuación, im-
primir una presión con los pulgares superpuestos, sobre el punto situado en la parte superior del hombro.

Después, ejercer una ligera presión sobre los puntos dorsales, primero a la izquierda y posteriormente a la derecha.

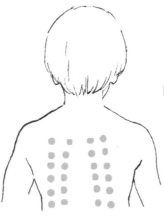

EJERCICIO 2

La posición siguiente es boca abajo.
Presionar sosbre los puntos dorsales
a derecha e izquierda, simultáneamente con toda la mano.

EJERCICIO 3

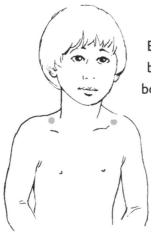

El niño, ahora, está sentado en el suelo o sobre un taburete. Hay que agarrarlo por ambos lados de los hombros, levantándolo.

Después, dejarlo volver a caer de manera natural. Repetir esto diez veces. Ahora girar alrededor de los hombros diez veces hacia delante y diez veces hacia atrás.

Esto servirá para así relajar los músculos pectorales y los de la espalda.

EJERCICIO 4

Apoyar las palmas de las manos sobre el tórax, con cuidado de ponerlas con los dedos apuntando hacia abajo.

Se hace una presión mediante un movimiento circular, que se repite varias veces.

Para terminar, friccionar el tórax, yendo de arriba hacia abajo.

EJERCICIO 5

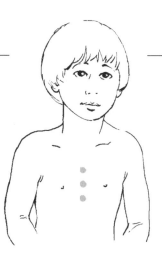

Fase 1: Hacer que el niño se tienda en posición supina (boca arriba). Apoyar la palma de la mano sobre el plexo solar, que, probablemente, estará tenso y dolorido. A continuación, hay que apretar delicadamente mientras el niño expele el aire.

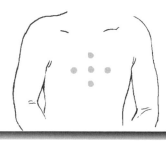

Fase 2: El tratamiento termina con un masaje circular, que se hace con la palma de la mano, siempre sobre el plexo solar.

EJERCICIO 6

Después de haberse calentado las manos, apoyar las palmas sobre la parte superior del tórax.

Masajear los músculos intercostales (pectorales y serratos), yendo hacia el exterior.

Repetir el proceso dos veces, desplazando ligeramente las manos un poco más hacia abajo cada vez.

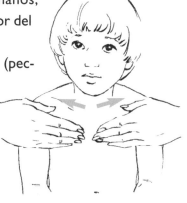

■ SHIATSU PARA LA TOS

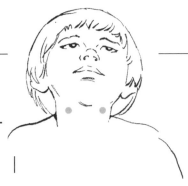

EJERCICIO I

El músculo esternocleidomastoideo empieza detrás de la oreja y llega hasta la clavícula, pasando diagonalmente por la nuez.

Cuando está tenso, oprime la tráquea, agravando la tos. Para aliviar sus efectos, hay que tocar con los dedos los puntos delanteros del cuello, que están situados a lo largo de este músculo.

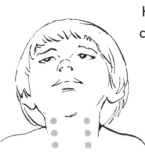

Hay que tener mucho cuidado de no presionar con demasiada fuerza, porque bajo estos puntos se encuentra una arteria importante.

Es preferible dar un masaje delicadamente hacia abajo con el pulgar o con tres dedos, en vez de apretar. Repetir varias veces.

EJERCICIO 2

Sostener la espalda del niño y dar un masaje por un lado del tórax, desde el centro hacia fuera.

Repetir por el otro lado. Este tratamiento sirve para aliviar la tensión muscular en torno a la tráquea, facilitando así la respiración.

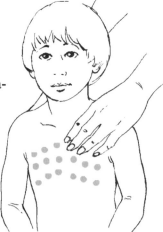

EJERCICIO 3

Sostener la cabeza del niño con la mano izquierda, para rodear, con el pulgar y tres dedos, la parte posterior del cuello.

Presionar en ese punto durante tres
segundos, doblando al mismo tiempo la
cabeza del niño ligeramente hacia
atrás, de forma que haga un ligero movimiento de estiramiento de los músculos anteriores del cuello.

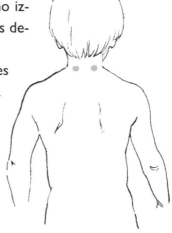

EJERCICIO 4

Para terminar, decirle al niño que eche la cabeza hacia atrás y que inspire profundamente.

Séptima parte
Los meridianos

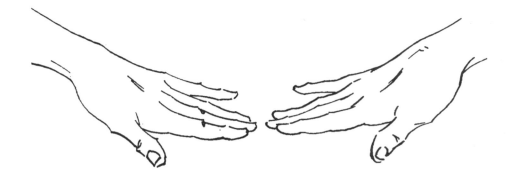

Los meridianos

■ INTRODUCCIÓN

Cuáles son los meridianos principales de la Medicina china y qué funciones llevan asociadas cada uno de los 12 meridianos (de pulmón, de intestino grueso, de vejiga, de riñón, de estómago, de bazo, de páncreas, de corazón, el triple calentador, de la circulación sanguínea, del sexo y de hígado), es algo que conviene saber y tener muy claro para comprender de esta forma mucho mejor todo lo concerniente al masaje y terapia Shiatsu.

Para tener bastante más claro de qué estamos hablando, vamos a exponer las funciones principales de cada uno de ellos, así como alguna de las asociaciones y desequilibrios más comunes tanto físicos como psíquicos. El conocimiento de los meridianos falicitará

la comprensión y la aplicación correcta del Shiatsu.

■ MERIDIANO DE PULMÓN

Entre sus funciones se encuentran mantener la vitalidad, la extracción del Ki del aire y permitir el ingreso de nuevas influencias al organismo. Sus asociaciones físicas son los pulmones, la nariz y la piel en general, mientras que las psicológicas son el poner límites y crear estructuras, el poder expresar dolor, así como los sentimientos de autovaloración y de individualidad.

Por otra parte decir que sus desequilibrios físicos pueden manifiestarse como problemas relacionados con la respiración o desórdenes pulmonares como el asma, enfisema, opresión en el pecho, ojos llorosos, resfriados y tos frecuente, falta de aliento, congestión nasal, sinusitis, problemas crónicos de piel, eczemas, acné, dolor en la parte superior de la espalda y obesidad.

Sus desequilibrios psicológicos se manifiestan como tendencias al aislamiento, la depresión y la melancolía, lo que conduce a la persona a una gran falta de autoconfianza y valoración.

■ MERIDIANO DE INTESTINO GRUESO

Entre las funciones de éste se encuentran mantener la vitalidad. Sus asociaciones físicas son el colon, la nariz, los senos nasales y la piel en general, mientras que las psicológicas son la capacidad de soltar y no aferrarse a las cosas y el poner límites entre las personas que lo padecen y el exterior.

Sus desequilibrios físicos pueden manifestarse como problemas relacionados con el intestino grueso, incluyendo diarrea, síndrome de colon irritable, problemas de piel, excesiva secreción de mucosidad e inflamación de las membranas mucosas, y sus desequilibrios psicológicos se manifiestan como incapacidad

de aceptar el final de las cosas, aferrarse física o psicológicamente a algo, aislamiento, rigidez y negatividad en los pensamientos o apariencias.

■ MERIDIANO DE VEJIGA

Entre sus funciones se encuentran purificar, almacenar y eliminar la orina.

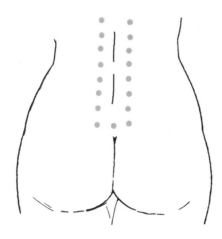

Las asociaciones físicas del meridiano de vejiga son el sistema urinario, el metabolismo de los líquidos, los huesos y dientes, el cabello, los oídos, la columna vertebral y el sistema nervioso autónomo.

Por otra parte decir que las asociaciones psicológicas del meridiano de vejiga son la capacidad de fluir con las circunstancias así como el coraje y la energía para enfrentarse a las situaciones.

Sus desequilibrios físicos pueden manifestarse como problemas urinarios (incontinencia y agrandamiento de próstata), problemas óseos (osteoporosis y algunas formas de artritis), problemas dentales, calvicie prematura, problemas auditivos y vértigo, dolores de espalda, hiperactividad de los sistemas simpático o parasimpático, estrés e incapacidad de relajarse. Los desequilibrios psicológicos por su parte se manifiestan como inquietud, exceso de temores y timidez.

■ MERIDIANO DE RIÑÓN

Entre sus funciones se encuentran controlar la reproducción y la actividad sexual, balancear

la fuerza de voluntad y de progreso.

Sus asociaciones físicas son los riñones, el sistema endócrino y hormonal, el sistema reproductor, el nivel de energía física, el metabolismo del agua, los oídos, los huesos y los dientes, la zona baja de la espalda y la herencia genética.

Sus desequilibrios físicos pueden manifestarse como problemas relacionados con desórdenes renales, problemas reproductivos y sexuales, perturbaciones hormonales o endocrinas, irregularidades en el normal desarrollo

físico, problemas de audición y equilibrio, cansancio crónico, retención de líquidos, debilidad de huesos y dientes, frío o dolor de espalda, así como enfermedades congénitas y hereditarias.

Sus asociaciones psicológicas son la fuerza de voluntad, el Ki ancestral, la herencia genética, el coraje, la fluidez de las emociones y la memoria a corto plazo.

Sus desequilibrios psicológicos se manifiestan sobre todo como falta de coraje o determinación, condiciones psicológicas heredadas, temores y fobias, inquietud y falta de memoria.

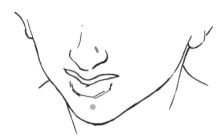

■ MERIDIANO DE ESTÓMAGO

Entre las funciones principales del meridiano de estómago se encuentran la nutrición, el procesamiento de la comida y otras formas de alimentación.

Sus asociaciones físicas son el estómago y el tracto digestivo superior, las glándulas mamarias y los ovarios, y la boca y los labios.

Sus asociaciones psicológicas son la mente y el intelecto, el sentirse en armonía con la tierra, el hogar y la familia. Conviene recordar que el cuerpo y la mente están relacionados.

Sus desequilibrios físicos pueden manifestarse como problemas relacionados con desórdenes estomacales y del apetito, problemas de peso, problemas de amamantamiento, de ovarios o de útero; y los psicológicos se manifiestan generalmente con demasiada actividad mental, preocupación, confusión, ansiedad, autocompasión y falta de conexión con la realidad.

■ MERIDIANO DE BAZO Y PÁNCREAS

Entre sus diversas funciones se encuentran la nutrición, el transporte y transformación del Ki, la digestión y los ciclos reproductivos.

Sus asociaciones físicas son la digestión, el apetito, la masa muscular y la grasa, los ciclos menstruales y el control de la sangre. Por otra parte, sus desequilibrios físicos pueden manifestarse bien como problemas digestivos que involucran excesiva o insuficiente secreción de enzimas digestivas, bien como incremento excesivo o pérdida del apetito. También es posible que se manifiesten alteraciones, irregularidades o dolores en el período menstrual y también anemia.

Sus asociaciones psicológicas son la mente y el intelecto, sentirse en armonía con la tierra, el hogar y la familia, y sus desequilibrios psicológicos se manifiestan como demasiada actividad mental, autocompasión y falta de conexión con la reali-

dad, preocupación y confusión, además de ansiedad.

teria, problemas del habla, insomnio, pesadillas y problemas de memoria.

■ MERIDIANO DE CORAZÓN

Entre sus funciones se encuentran la conciencia, la circulación sanguínea y la respuesta emocional al entorno.

Sus asociaciones físicas son el corazón, el sistema nervioso central, la transpiración, la lengua y el habla. Sus desequilibrios físicos por su parte, y como podrá imaginarse, pueden manifestarse como problemas cardíacos y de circulación, palpitaciones, trastornos del habla y exceso de transpiración.

Sus asociaciones psicológicas son la relación entre mente y espíritu, las emociones, la alegría, la comunicación, la conciencia, la compasión, el sueño y la memoria a largo plazo.

En cuanto a sus desequilibrios psicológicos, decir que se manifiestan como falta de compasión y empatía, inquietud mental, falta de emociones, his-

■ MERIDIANO DE TRIPLE CALENTADOR

Entre sus funciones se encuentran la protección del organismo, armonizar el funcionamiento de los calentadores superior, medio e inferior, mantener la temperatura corporal y el sistema inmunitario del cuerpo a través del sistema linfático y el control del metabolismo del agua.

Sus desequilibrios físicos pueden manifestarse como problemas relacionados con la falta de armonía entre los tres calentadores y sus interrelaciones, con pobre regulación de la temperatura corporal o de la circulación sanguínea, sensaciones de acaloramientos o frío, problemas linfáticos, desórdenes del sistema inmunitario, retención de fluidos o toxinas, alergias y falta de resistencia a las infecciones o enfermedades.

Sus asociaciones psicológicas son la interacción a nivel social y la protección emocional. Por consiguiente, sus desequilibrios psicológicos se manifiestan como falta de calidez en el contacto social o sentimientos de sobreprotección y desprotección.

relaciones sociales, dormir y soñar, y sus desequilibrios psicológicos, relacionados con lo anterior, se manifiestan como de sobreprotección y desprotección, vulnerabilidad emocional, timidez, excesos de sueños o pesadillas e insomnio.

■ MERIDIANO DE CIRCULACIÓN Y SEXO

Entre sus funciones se encuentran la circulación sanguínea y la protección del corazón.

Sus asociaciones físicas son el corazón, las arterias, las venas y la presión sanguínea, por lo que puede imaginarse que sus desequilibrios físicos puedan manifiestarse como problemas relacionados con enfermedades cardíacas, desórdenes circulatorios, arteroesclerosis, desórdenes de la presión arterial, sensación de opresión del pecho, angina y palpitaciones.

Sus asociaciones psicológicas son la protección emocional, las

■ MERIDIANO DE HÍGADO

Entre sus funciones se encuentran controlar, desintoxicar, almacenar, distribuir, armonizar emociones y planificar.

Las asociaciones físicas del meridiano de hígado son almacenar y purificar la sangre y se relaciona también con los ojos y con el sistema muscular, por lo que sus desequilibrios físicos pueden manifestarse como dolores musculares y problemas oculares, además de problemas relacionados con el hígado, así como problemas menstruales en la mujer, gota, o bien cansancio y agotamiento en general. Sus asociaciones psicológicas son el control, la planificación, la armonía en las emociones y el trabajo duro. Sus desequilibrios psicológicos se manifiestan como necesidad de mantener el control sobre todo lo que pasa o bien como sentimientos de pérdida de control, exceso de planificación, inflexibilidad, frustración, represión y accesos de cólera.

Octava parte
El Watsu

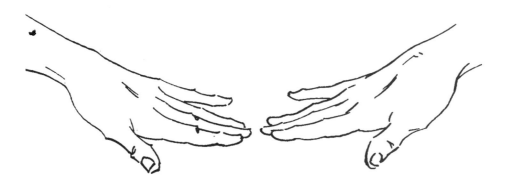

El Watsu

■ ¿QUÉ ES EL WATSU?

Watsu no es sólo la unión de dos palabras (*water* –agua– y Shiatsu), sino que es también la unión de dos ambientes y dos técnicas.

Combina armoniosamente la técnica japonesa de masaje Shiatsu y el ambiente acuático, haciéndolo un masaje flotante.

Es pues una técnica de trabajo corporal acuático, que auna la terapia acuática con la técnica Shiatsu.

Su creador, el norteamericano Harold Dull, tras realizar estudios de Shiatsu en Japón junto al maestro Shizuto Masunaga, al regresar a su país comenzó a desarrollar la terapia Watsu hacia finales de los años setenta, de la transposición al agua tibia de estiramientos y presiones propias del Zen Shiatsu.

Poco a poco fue ganando popularidad y difundiéndose por todo el mundo hasta llegar en los años noventa a Europa, en donde al principio se aplicaba únicamente en las técnicas de preparación al parto.

Aplicando sus conocimientos de Shiatsu al movimiento corporal acuático, fue como se llegó a lo que ahora conocemos como Watsu.

Consiste en producir una relajación profunda, semejante a la sensación intrauterina, gracias a la acción envolvente del agua tibia y movimientos relajantes.

Según su creador, el masaje Watsu ayuda a «deshacernos de la tensión, el relajamiento llega a medida que los músculos son estirados». Dull cree que el Watsu ayuda no sólo al que recibe el ma-

saje sino también al terapeuta.

Se trata de un masaje único porque utiliza el agua como medio, con lo que se consigue, gracias a ese contacto con el agua, uno de los masajes más relajantes que existen.

El Watsu aprovecha el efecto beneficioso del agua sobre el reequilibrio de la energía vital (que en la medicina tradicional china se llama Ki) a lo largo de los meridianos localizados con la técnica de la acupuntura.

Las articulaciones se sueltan, desaparece toda la tensión, los músculos se relajan, la mente llega a percibir todas las sensaciones y los impulsos que el cuerpo le transmite: es como si el agua pudiera estimular cada

una de nuestras células, con un ligero y articulado masaje, dejando fluir de esta forma libremente las emociones, sin oponer resistencia.

■ CÓMO FUNCIONA

El masaje meditativo Watsu se realiza normalmente en una piscina de agua tibia, inmersa en una atmósfera de luces tenues, como único ruido, el susurro envolvente del agua. Los brazos del denominado «watsuer» –el maestro– nos balancean, mientras nuestro cuerpo flota en el agua.

La combinación de terapia física, relajamiento, meditación, el ambiente acuático y la temperatura agradable del agua contribuyen a que se experimente un masaje realmente extraordinario.

El movimiento que se produce es lento y circular, y los masajes del «watsuer» sobre los puntos clave del cuerpo son los que permiten alcanzar las sensaciones que buscamos de relajación profunda y de intenso bienestar interior.

A las personas que reciben el Watsu por primera vez se les guía más que a personas que han recibido el masaje varias veces, puesto que cuando la persona está ya familiarizada con el masaje, se le deja seguir sus movimientos instintivos.

El agua templada que acaricia la piel y el toque delicado del masaje que libera y da una profunda energía abre lo que se ha definido como una dimensión estática y meditativa. El paciente se entrega completamente al terapeuta, quien lo sostiene de espaldas, guiándolo con movimientos suaves, fluidos y ondulantes. El ritmo viene marcado por su propia respiración. El cuerpo se vuelve una unidad confiada y liviana, al tiempo que se pierde conciencia del entorno.

Se trata de una terapia recomendable para personas estresadas, con enfermedades osteomusculares crónicas o espasmos musculares causados por daños en el sistema nervioso central.

También es beneficioso para mujeres embarazadas, personas sanas que quieran un espacio de relajación y para quienes presenten fobia al agua. La energía beneficiosa del Watsu actúa mejorando la postura y la circulación y alejando las tensiones musculares. Los fisioterapeutas cada vez incorporan más las técnicas de la reflexología y del Watsu en sus prácticas. La gente que usa piscinas térmicas también puede adoptar con facilidad las técnicas de ambas terapias con el fin de mejorar el bienestar, la salud y la relajación.

Novena parte
Conocer más

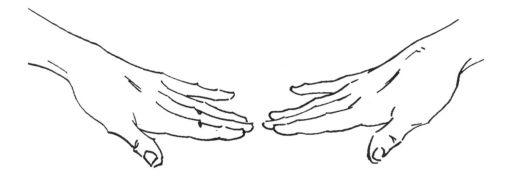

Conocer más

■ INTRODUCCIÓN

Al margen de todo lo que ya se ha expuesto y se ha analizado en los capítulos precedentes, son bastantes las dudas o preguntas que pueden quedarle al lector por resolver acerca del Shiatsu, por lo que se ha creído conveniente añadir este capítulo con el fin de dar respuesta a todos aquellos planteamientos e interrogantes que generalmente se hacen todas aquellas personas que se inician en esta técnica.

Así pues, este capítulo se plantea como una serie de preguntas y sus respuestas correspondientes, a fin de hacer este capítulo «Conocer más» lo más ameno y entretenido posible.

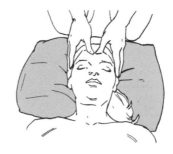

■ PREGUNTAS BREVES

¿SE PUEDE PRACTICAR SHIATSU A CUALQUIER PERSONA?

Sí, el Shiatsu puede practicarse lo mismo a niños, que a adultos y ancianos.

¿EL SHIATSU SE PRACTICA ÚNICAMENTE EN ALGUNAS PARTES CONCRETAS O EN TODO EL CUERPO DE AQUELLA PERSONA QUE SE SOMETE A UNA SESIÓN?

El Shiatsu es un sistema capaz de abarcar todo el cuerpo, desde la cabeza a los pies, tanto en su parte anterior como posterior. Todo dependerá de la dolencia de cada paciente y de cuál sea la zona que necesita aliviar o tratar.

¿EL SHIATSU SIRVE PARA PODER COMBATIR EL ESTRÉS?

Es muy efectivo para el estrés, pero no sólo eso, también ayuda a la circulación, vitaliza la piel, armoniza el sistema nervioso autónomo, regula el sistema endocrino, alivia dolores musculares, etc.

La presión que se aplica sobre la piel cuando uno se somete a una sesión de Shiatsu, au-

menta la circulación humoraz; esto favorece un buen funcionamiento de los músculos (buena elasticidad), lo que normaliza la posición del esqueleto y regula las funciones del sistema nervioso y endocrino, lo que mejora a su vez el funcionamiento orgánico.

De esta manera, la vitalidad activada refuerza nuestro cuerpo, aumentando considerablemente el sistema de defensas que tiene el organismo.

¿Es útil el Shiatsu para los ataques de ansiedad?

El Shiatsu ayuda muchísimo al equilibrio emocional del paciente, pues mediante su práctica el paciente se encuentra consigo mismo, y además se libera de tensiones y de opresiones.

¿El Shiatsu lo pueden recibir las mujeres que están embarazadas?

Después del tercer mes de gestación, sí, sin ningún problema. Más aún, las mujeres pueden llevar un embarazo más saludable

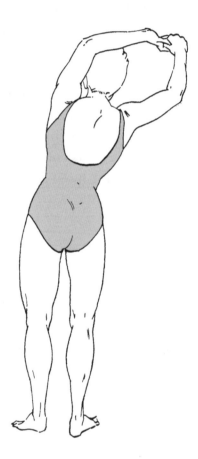

y armonioso tratándose regularmente con Shiatsu a partir de ese
tercer mes.

No obstante, lo recomendable
es consultar a un terapeuta expe-
rimentado.

El Shiatsu trabaja en
distintos niveles. Fundamentalmente, trabaja equilibrando
la energía y ayuda a que el
cuerpo se transforme en un mejor lugar para el desarrollo del
feto.

Puede trabajar también sobre
los problemas típicos del embarazo como el dolor de espalda o
las naúseas matinales, promo-
viendo además una mejor salud
general y un parto sin complica-
ciones.

Las sesiones o tratamiento
se hacen normalmente con la
paciente en posición lateral y
con la ayuda de almohadones
para mantenerla cómoda. En la
última etapa del embarazo, el
Shiatsu puede ser extremada-
mente beneficioso y la estimulación de ciertos puntos específicos puede ayudar a colocar al
bebé en la posición correcta
para el parto.

Después de someterse a una sesión de Shiatsu, ¿hay efectos secundarios?

Hay personas que pueden sentir un poco de mareo o algún dolor de cabeza.

Esto se explica por el movimiento de energía que produce el Shiatsu en el cuerpo, hace que la energía que estaba estancada o fluyendo mal se libere y fluya en estado óptimo llegando con más fuerza al sistema nervioso central.

No obstante son efectos de corta duración y que no se producen en todas las personas.

■ OTRAS CUESTIONES
MÁS AMPLIAS

El lector puede haberse preguntado en algún momento en qué se diferencian los distintos estilos de Shiatsu que existen.

Como en todas las manifestaciones de la cultura humana, cada uno de los distintos maestros de Shiatsu suele hacer su aporte personal al cuerpo de conocimientos y práctica tradicional del mismo, por lo que resulta difícil hacer una definición absoluta de las similitudes y diferencias existentes entre las distintas escuelas y estilos.

Por otro lado, es esta diversidad y constante evolución la que mantiene al Shiatsu vivo y hace posible aplicarlo en el mundo moderno, mientras se siguen conservando sus elementos y bases tradicionales de diagnóstico y tratamiento.

No obstante, suelen distinguirse cuatro estilos bien diferenciados: el Shiatsu Namikoshi, el Zen Shiatsu, el Barefoot Shiatsu y el Tao Shiatsu (*véase* «Términos usuales»).

¿POR QUÉ SE AFIRMA QUE EL SHIATSU ES UNA TERAPIA HOLÍSTICA?

La concepción del ser humano en la Medicina china y oriental en general no hace distinción entre los planos físicos, energéticos y emocionales, sino que considera todos estos planos como manifestaciones, más o menos sutiles, de una única energía universal.

Desde este punto de vista, cualquier alteración del fluir armónico de esa energía, se manifestará de distinta manera e intensidad en cada uno de esos

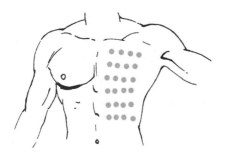

planos y, como consecuencia de ello, en nuestra salud en general.

Si bien la técnica del Shiatsu está basada en un trabajo a nivel físico, su objetivo y su trabajo no sólo pretenden aliviar y mejorar esos desequilibrios que se manifiestan en el cuerpo, sino que también quieren producir modificaciones o movilizaciones a nivel psicológico, emocional y energético.

¿En qué elementos se basa un diagnóstico de Shiatsu?

El diagnóstico en el Shiatsu se basa en el conjunto de información que se recibe del estado del cuerpo.

Manifestaciones directas –síntomas o sensaciones, postura, lenguaje corporal, emociones–, o indirectas –reacciones, tonos de voz, respuestas a las preguntas y muchos otros elementos– deben ser percibidas como parte de nuestra historia vital.

Dentro del Shiatsu se utilizan cuatro tipos de diag-

nóstico: Bo-Shin, Mon-Shin, Setsu-Shin y Bun-Shin (*véase* «Términos usuales»).

¿EN QUÉ SE DIFERENCIA LA IDEA DE ENFERMEDAD QUE TIENE LA MEDICINA TRADICIONAL CHINA Y LA QUE TIENE LA MEDICINA OCCIDENTAL?

La Medicina tradicional china considera que cualquier enfermedad se debe a un desequilibrio interno en el flujo de energía del cuerpo y que, por lo tanto, se puede corregir ese desequilibrio, mientras que la Medicina occidental es de la opinión de que una enfermedad es causada por fuerzas externas, como virus o bacterias, o por la degeneración del cuerpo.

La Medicina occidental se basa en la filosofía cartesiana que representa al cuerpo como un sistema funcional y a la mente como otro.

Acepta que cada uno de estos dos sistemas puede tener influencia en el otro, pero ve esencialmente a la enfermedad como algo físico o como algo psicológico. La Medicina china ve al cuerpo como un todo, donde cada parte está íntimamente co-

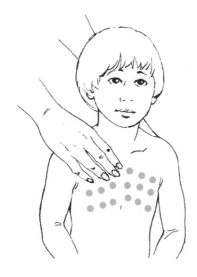

nectada con el resto y donde cada órgano tiene tanto una función física como una función mental.

La Medicina tradicional china y todas sus variantes sostienen que el cuerpo tiene la posibilidad y la habilidad para curar sus propias enfermedades. Asimismo, todas hacen un hincapié particular en el concepto de prevención de la enfermedad, en lugar de esperar que ésta manifieste síntomas para hacer algo respecto de ella. A diferencia de la idea occidental generalizada de visitar al médico cuando uno está enfermo, la concepción oriental es la de visitar al médico regularmente para mantenerse sano.

Aunque muchas de las explicaciones de la Medicina china puedan parecer en Occidente algo enigmáticas, el tiempo parece haber encontrado una base científica demostrable. En consecuencia, a pesar de sus conceptos radicalmente diferentes, sería razonable considerar a estos dos sistemas médicos como complementarios y no excluyentes. Cada Medicina puede beneficiar a los seres humanos aunque de distinta manera, y juntas pueden ampliar las bases científicas y filosóficas de la Medicina.

¿CÓMO ACTÚA EL SHIATSU SEGÚN LA MEDICINA OCCIDENTAL?

Para explicar esta cuestión, debemos centrarnos en el funcionamiento del sistema nervioso en el cuerpo humano, el cual se divide, a su vez, en dos grandes subsistemas denominados Sistema Nervioso Central y Sistema Nervioso Autónomo.

Mientras que el primero está al cargo de toda nuestra actividad consciente, el segundo se encarga de coordinar todas nuestras respuestas inconscientes, tanto físicas como emocionales.

Por su parte, los nervios de la zona simpática del Sistema Nervioso Autónomo tienen el efecto de incrementar la actividad corporal mientras que los de la zona parasimpática lo desaceleran.

Dado que uno de los objetivos del Shiatsu es el de inducir al paciente a un estado de calma y relajación, necesita que las funciones corporales se reduzcan y lleguen a un estado de tranquilidad. El terapeuta de Shiatsu busca, a través de su trabajo con presiones y movilizaciones corporales, estimular esa respuesta parasimpática automática del Sistema Nervioso Autónomo que permite que el paciente se relaje, se abra y no ofrezca resistencia a los cambios que suceden, pero que al mismo tiempo conserve la conciencia sobre lo que le está ocurriendo.

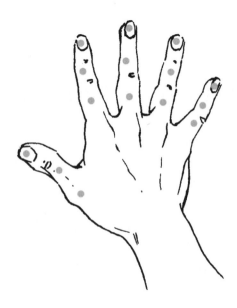

Términos usuales

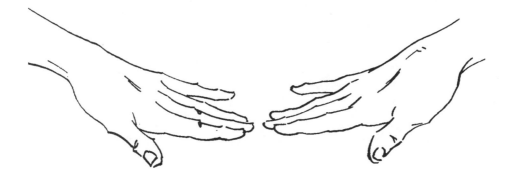

Términos usuales

Amma

Es uno de los antecesores del Shiatsu moderno. Se trata de una antigua forma de masaje que fue desarrollada en Japón y llevada a cabo casi exclusivamente por personas ciegas, que consiste en presionar y friccionar con los dedos o con la palma de las manos.

Ampuku

Es otro de los antecesores del Shiatsu moderno, ejercido por personas cualificadas con el título de Kengyo. El Ampuku es otra antigua forma de masaje abdominal desarrollada en Japón que se utilizaba durante el embarazo y en el parto.

Barefoot Shiatsu

También conocido como Shiatsu Macrobiótico o Shiatsu de los Pies Descalzos.

Este estilo de Shiatsu fue creado por la maestra Shizuko Yamamoto y se basa en la macro-

biótica difundida por George Ohsawa.

Se diferencia del Zen Shiatsu al trabajar con los pies y en posición erguida, así como en el tipo de presiones que se realizan, que son más intensas y rápidas.

Como su propio nombre indica, hace también mucho hincapié en mantener una buena alimentación así como en los ejercicios respiratorios, ambas cosas como complemento para lograr el equilibrio físico y energético.

Bo-Shin

El Bo-Shin o diagnóstico visual de Shiatsu es aquel que está basado en percibir lo que nos dice el lenguaje corporal. Básicamente, se trata de observar.

En él se incluyen elementos como la observación de la postura, movimientos, desplazamientos o tono muscular así como de diferentes zonas en el rostro, manos, pies, espalda o en la piel en general.

Bun-Shin

El Bun-Shin es uno de los tipos de diagnóstico del Shiatsu. Se trata de un diagnóstico por los sentidos: el terapeuta utiliza su olfato, su oído o en algunos casos, su intuición, para percibir los desequilibrios de su paciente. Si bien ésta puede parecer quizá una herramienta poco científica o racional, no por eso es menos importante que otros tipos de diagnóstico.

Hay que recordar que uno de los principios del Zen Shiatsu es el de mantener la mente de principiante o «shoshin», es decir, el acercamiento a cada paciente sin prejuicios ni valoraciones previas. Para lograr esto, la intuición y experiencias previas del terapeuta juegan un papel fundamental.

Existen también algunos diagnósticos alternativos que pueden utilizarse, como por ejemplo el de la lengua o el del iris del ojo.

En general, todos estos diagnósticos parten de la premisa de la Medicina oriental que in-

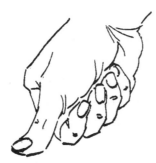

dica que en cada parte del cuerpo humano es posible encontrar un reflejo de todo el organismo.

Digitopresión

Se denomina así a la principal forma de llevar a cabo el Shiatsu, esto es, la presión que realiza con los dedos aquella persona que lo practica.

Hara

Así se denomina a la zona ubicada en el área abdominal que abarca desde la parrilla costal hasta la sínfisis pubiana.

Hacia los lados, esta zona ocupa aproximadamente el espacio de una mano si lo medimos a partir del ombligo.

Todos los meridianos pueden ser palpados en este lugar y el practicante de Shiatsu puede percibir claramente los estados de kyo o jitsu de cada uno de ellos.

En la Medicina tradicional china esta zona está considerada como el centro del ser humano y en la práctica de Zen Shiatsu es uno de los lugares utilizados para hacer diagnóstico, así como el lugar desde el que se realizan todos los movimientos. Por lo tanto, esta zona tiene una importancia máxima para la práctica del Shiatsu.

Jitsu

Dentro del Zen Shiatsu, el Jitsu es una palabra japonesa que describe el estado de exceso de energía en un meridiano y que puede bien asociarse o bien traducirse en la sensación física de dolor, contractura o sobrecarga en una determinada zona del cuerpo.

Ki

Dentro de la tradicional concepción oriental, el Ki es la denominación que recibe la fuerza vital universal, es decir, es el tejido que forma la energía esencial de la vida.

Se considera que absolutamente todo lo existente son diferentes manifestaciones de esta fuerza única y omnipresente.

Kyo

Kyo es una palabra japonesa que describe tanto el estado de carencia como la falta de energía en un meridiano y que puede asociarse a la sensación física de debilidad o de cansancio en una determinada zona de nuestro cuerpo.

Makko Ho

El Makko Ho consiste en toda una serie de ejercicios que han sido diseñados para estimular el flujo de energía a través de cada par de meridianos, utilizando para ello lo mismo determinados estiramientos que posturas específicas y además contribuyendo, a través de su práctica regular, a obtener mayor flexibilidad, armonía y salud en general en quien los practica.

Mon-Shin

El Mon-Shin es el diagnóstico de Shiatsu por preguntas.

A través de este diagnóstico, el practicante trata de obtener información general sobre el paciente con respecto a su vida, su historia, los motivos que le han llevado a la consulta y cualquier dato que pueda ser transmitido por el paciente a través de la palabra. Se trata de un simple cuestionario para poder hacer un diagnóstico y, de esta mane-

ra, iniciar cuanto antes el tratamiento a seguir.

Meridiano

Se denomina meridiano a cada una de las 12 vías principales que unen de manera imaginaria los puntos de cada una de las dos mitades en que se supone dividido el cuerpo humano, según la tradición oriental.

A través de estas 12 vías principales se entiende que circula la energía del universo, manteniendo de esta manera todo en armonía.

Meridiano de la concepción

Al margen de los 12 meridianos principales, el meridiano de la concepción actúa sobre la energía yin; su recorrido abarca desde la base del tronco al centro del abdomen y también al pecho, para finalizar su recorrido exactamente en medio de la mandíbula.

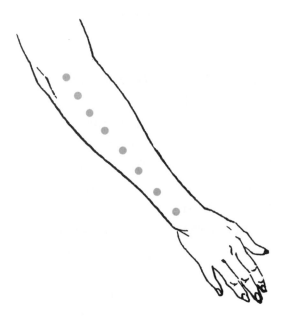

Meridiano regulador

Dícese del meridiano, al margen de los 12 principales junto con el meridiano de la concepción con el que se coordina, que actúa sobre la llamada energía yang.

El recorrido de este meridiano comienza justo en el centro de las encías superiores y, subiendo por el cráneo y posteriormente bajando por la columna vertebral, llega a la base del cóxis, que es el lugar donde finaliza.

Percepción

El terapeuta o practicante de Shiatsu puede, por medio de sus manos, conocer el estado del cuerpo del paciente y recibir sus vibraciones, lo que le permite tratar las zonas adecuadas creando la comunicación a través de sus manos.

Sen

Dentro del Nuad Bo-Rarn o, lo que es lo mismo, masaje tradicional tailandés, se dice que el Sen es cada una de las líneas energéticas que recorren el organismo de cada ser humano.

Puede decirse que el Sen es un concepto muy similar al concepto anteriormente explicado de los meridianos de la Medicina tradicional de China o a los Nadis de la Medicina ayurvédica, aunque en algunos casos los recorridos sean algo diferentes.

Sen Kalathari

Línea Sen que se utiliza en el tratamiento de casos de desór-

denes del sistema digestivo, indigestión, hernia, parálisis, dolor de rodillas, tos, artritis de los dedos, dolor de pecho, enfermedades reumáticas, arritmias cardíacas, sinusitis, angina de pecho, epilepsia, esquizofrenia, histeria y desórdenes psicológicos y mentales varios, así como dolores de brazos o piernas.

Sen Lawusang y Ulangka

Otra de las líneas Sen que en este apartado que ahora tratamos se utiliza en el tratamiento

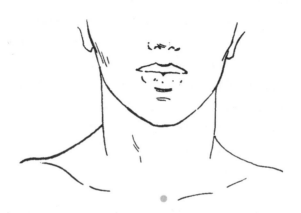

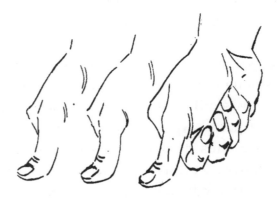

de casos de sordera así como de afecciones de los oídos, tos, parálisis facial, dolor de muelas, de garganta y de pecho, así como diversas enfermedades gastrointestinales.

Sen Nanthakrawat y Kitchna

Se trata de una línea Sen que se utiliza generalmente en el tratamiento de casos de hernia, micción frecuente, infertilidad femenina, impotencia, eyaculación precoz, menstruación irregular, sangrado uterino, retención de orina, diarrea y dolor abdominal.

Sen Pingkhala e Ittha

El Pingkhala e Ittha es una línea Sen que se utiliza en el tratamiento de casos de dolores de cabeza, rigidez del cuello, dolor de hombros, resfriados, tos, congestión u obstrucción nasal, dolor de garganta, dolor de ojos, escalofríos y fiebre, dolor abdominal, problemas intestinales, dolores de espalda. También sirve para paliar diversas enfermedades que surjan en el tracto urinario, mareos y dolor de rodillas.

Y, por si fuera poco, Sen Pingkhala e Ittha además se usa en trastornos de hígado y de vesícula biliar.

Sen Sahatsarangsi y Thawari

Se trata de una línea Sen que se utiliza fundamentalmente en el tratamiento de casos de parálisis facial, dolor de muelas, ardor o hinchazón en los ojos, fiebre, dolor en el pecho, psicosis maniacodepresivas, enfermedades gastrointestinales así como del sistema urogenital, parálisis de piernas, artritis de la articulación de la rodilla, hernia, adormecimiento de las extremidades inferiores y dolor de garganta.

Sen Sumana

Podemos definir el Sen Sumana como la línea sen que se suele utilizar en el tratamiento de casos de asma, bronquitis, dolor de pecho, enfermedades del corazón, espasmos del diafragma, náuseas, resfriados, tos, dolores o problemas de garganta, todo tipo de enfermedades del aparato digestivo, así como dolor abdominal.

Setsu-Shin

El Setsu-Shin o –lo que es lo mismo–, diagnóstico por contacto es una de las herramientas más reveladoras y positivas con que puede contar el terapeuta o practicante de Shiatsu.

Elementos como son el tono muscular, el estado general de la piel, las respuestas de flexibilidad o dolor y las reacciones del cuerpo a la presión o al contacto en los distintos puntos en que se aplica dicha presión, proveen gran cantidad de información sobre el estado en general de salud del cuerpo; todos ellos son datos muy útiles para el terapeuta que vaya a iniciar el masaje aoriental Shiatsu a una persona con problemas de salud.

Dentro de este tipo de diagnóstico por contacto se encuentra uno de los principales elementos distintivos del Zen Shiatsu, esto es, el denominado diagnóstico de Hara o diagnóstico abdominal (*véase* en el término correspondiente en este mismo capítulo).

Shiatsu Namikoshi

El Namikoshi es un estilo de Shiatsu creado por el gran maestro Tokujiro Namikoshi (1905-2000) a mediados del siglo XX. Se trata del único estilo de Shiatsu que ha sido reconocido oficialmente por el Ministerio de Salud de Japón, que lo adoptó de manera oficial en el año 1955.

La técnica del Shiatsu Namikoshi combina digitopresión y estiramientos.

Si bien su práctica utiliza los meridianos y puntos tradicionales de la Medicina china, en su esfuerzo por obtener el reconocimiento del Shiatsu en el mundo occidental después de la Segunda Guerra Mundial, Namikoshi relacionó estos puntos con referencias anatómicas de la Medicina occidental, manteniendo al mismo tiempo parte de la base teórica oriental, que es siempre necesaria para estos tratamientos.

Shoshin

Shoshin es un término japonés que bien puede traducirse como «mente de principiante». Dentro del Zen Shiatsu, se trata de la forma de acercamiento ideal entre terapeuta y paciente, con el principal fin de que pueda realizarse un diagnóstico que sea lo más acertado posible.

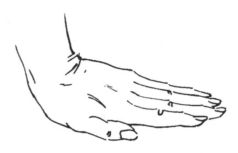

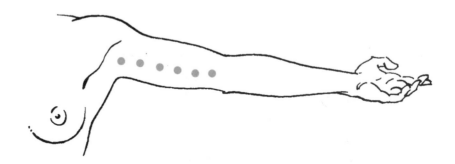

Esta aproximación al otro implica conservar la apertura mental y la capacidad de escuchar sin juzgar ni dejarse llevar por expectativas excesivas sobre las necesidades del paciente, y tratar de utilizar la intuición y sensibilidad propias para descubrir el mejor camino de tratamiento.

Tao

El Tao es el yin y el yang. El yin y el yang son los dos aspectos, opuestos y complementarios, de una misma energía: el Ki.

El Tao subraya y pone de relieve que la vida no es más que un flujo continuo de cambios.

Tao Shiatsu

Estilo de Shiatsu desarrollado por el maestro Ryokyu Endo, quien fue discípulo y continuador del maestro Shizuto Masunaga.

Este estilo hace mucho hincapié en la sanación a través de la conexión profunda y la búsqueda de la unificación entre terapeuta y paciente por medio de la sensibilidad y dejando de lado la

separación y discriminación con la que trabaja nuestra mente consciente.

Tsubo

Palabra japonesa que se usa para describir a un punto de presión sobre un meridiano.

Los Tsubo son los puntos de aplicación de presión en Shiatsu.

Su traducción literal es «jarrón» y su representación se asocia a un recipiente de agua en donde ésta representa al Ki o, lo que es lo mismo, la energía.

A partir de estos puntos de presión –que suman un total de 354 puntos de Shiatsu– se puede determinar el estado del flujo energético de un meridiano concreto, así como la salud o la calidad de energía de su órgano relacionado.

Los tsubo suelen encontrarse en mayor cantidad (pero no son las únicas zonas donde están) alrededor de las articulaciones y cerca de las inserciones de los músculos.

Unicidad

Dícese de la complementariedad existente entre los individuos y el universo, puesto que ambos se componen de los mismos elementos y recorren el mismo ciclo vital.

Yin y yang

Para la Medicina oriental, los conceptos de yin y yang son la manera de describir la forma en la que se manifiesta el Ki o, lo que es lo mismo, la energía universal.

Son las fuerzas opuestas que regulan todo el universo y sus manifestaciones.

Si se quiere mantener la armonía de la creación, hay que procurar conservar estas fuerzas en equilibrio, alcanzándose de esa forma la llamada unicidad, tan fundamental para la filosofía oriental: cuerpo y mente son una sola cosa.

Ambos conceptos encierran en sí mismos las ideas de ciclos que son complementarios y a la vez opuestos, donde no existen absolutos, sino que cada cosa es parte de un todo mayor y en donde cada objeto y fenómeno se percibe en relación al universo total.

Tanto el yin como el yang se crean mutuamente y sirven de referencia el uno para el otro, ya que por ejemplo, no podría concebirse el concepto luz sin el concepto de oscuridad, el concepto de noche sin el de día, el de bien sin el de mal y así sucesivamente.

El significado original del vocablo yin se traducía como «el lado oscuro de la montaña»; el vocablo yang, por su parte, se traducía, por el contrario, como «el lado soleado de la montaña».

De esta manera, el yin estaba asociado con manifestaciones como la oscuridad, el frío, la quietud y el descanso, mientras que su opuesto, el yang, era relacionado por su parte con la luz, el calor, la actividad y el movimiento.

Una asociación surgida posteriormente llegó a identificar al yang con lo celeste y al yin con lo terrestre.

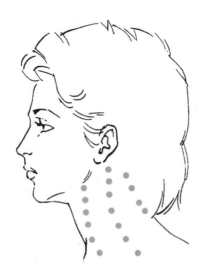

Zen Shiatsu

Estilo de Shiatsu que fue creado por el maestro Shizuto Masunaga (1925-1981).

Profesor de Psicología en la Universidad de Tokio, Shizuto Masunaga fue discípulo del maestro Namikoshi y trabajó en su escuela durante diez años.

También Shizuto Masunaga siguió sus propias investigaciones, volviendo a las raíces de la tradición médica china para poder explicar el Shiatsu a través de conceptos filosóficos taoístas, entre ellos la Teoría de los Cinco Elementos o de las Cinco Transformaciones, integrándolos con conceptos psicológicos occidentales.

Su propia sensibilidad e intuición lo llevaron también a extender el recorrido tradicional de los meridianos chinos a todo el cuerpo y a describir su calidad energética en los estados kyo o jitsu, los que definen una falta o exceso de la misma.

También volvió a utilizar el método de diagnóstico abdominal o de Hara de la antigua forma de terapia tradicional Ampuku que se utilizaba en Japón.

La denominación de su estilo como Zen Shiatsu tiene que ver con el estado meditativo que el terapeuta trata de alcanzar durante su práctica y en la aproximación sin prejuicios ni expectativas excesivas que el mismo puede tener respecto de su paciente.